VIRGII

EL ESCRITOR AUTOBIOGRÁFICO

Técnicas para escribir tu historia

Buenos Aires

para Vera,

Índice

Libros comentados

El proyecto de
escribir mi historia
se ha formado casi al
mismo tiempo que mi
proyecto de escribir.
Georges Perec

Todas las historias
familiares están para
ser escritas, porque yo
creo que el mundo
está para ser escrito.
Griselda Gambaro

Yo creo que el mundo
actual es tan incierto
que el aporte mayor
de la literatura son las buenas
autobiografías, que profundicen, que exploren, que interroguen
y lo cuenten, sobre todo que cuenten lo que nadie ha contado:
la singularidad de una vida,
porque cada una
es diferente.
Joyce Carol Oates

Escribir un poco cada día,
sin esperanza y sin desesperación.
Karen Blixen

El deseo es un camino

Cuando era chica pensaba que escribir un libro no era para mí, que solo unos elegidos –inalcanzables– podían hacerlo. Sin embargo la inquietud siempre andaba por ahí junto a querer heredar un castillo, bailar en el Colón o convertirme en corresponsal de guerra. ¿Por qué quería escribir? No lo sabía, simplemente quería escribir y sobre todo quería escribir acerca de lo que me pasaba. Un día lo hice y se me abrió la puerta a un mundo nuevo.

A muchas personas les sucede lo mismo y para ellas es este libro que reúne mi experiencia de más de doce años de

9

trabajo en talleres y tutorías de autobiografías y biografías de familia. No va a resolver todas las dudas, sería imposible. Mi intención es ayudar a **vencer los obstáculos** que se presentan cuando uno se propone escribir vivencias de la infancia, la historia de ese hecho que nos cambió la vida, la de un viaje inolvidable, los relatos de los abuelos antes de que se olviden... o, tal vez, lo que nos pasa cuando llega el atardecer de la vida.

Antoine Albalat, escritor y crítico, en la primera lección de su libro *El arte de escribir,* dice:

> Si es usted capaz de redactar una carta, es decir, de relatar algo a un amigo, debe usted ser capaz de escribir, porque una página de composición es un relato hecho público. Quien puede escribir una página, puede escribir diez, lo que casi equivale a una novelita, y quien sabe hacer una novelita debe saber hacer un libro, porque una serie de capítulos no es más que una serie de novelitas.
>
> Por lo tanto, toda persona que tenga medianas aptitudes y algunas lecturas puede escribir, si quiere, si sabe aplicarse, si le interesa el arte, si tiene el deseo de expresar lo que ve y de pintar lo que siente.
>
> La literatura no es una ciencia inabordable reservada a unos pocos iniciados que exige estudios preparatorios. Es una vocación que cada uno lleva en sí y que desarrolla más o menos, según las exigencias de la vida y las ocasiones favorables. Muchas personas que escriben, escriben mal; y muchas que podrían escribir bien, no escriben ni piensan en ello.

Toda persona que supere los primeros miedos, con dedicación y con intención de bucear en lo profundo de sí, puede escribir una buena historia. En mi taller he leído textos de autores ignotos que me han emocionado, divertido, enseñado y con una calidad que no tienen nada que envidiar a muchos escritores profesionales.

Dispuesto a comenzar a escribir, las primeras preguntas son cómo empezar, **cómo ordenar los recuerdos**, si usar el "yo" o la tercera persona. Después, a medida que se avanza, aparecen otros interrogantes. Escribir la propia historia no es diferente a escribir ficción. Las técnicas son las mismas, y en el proceso a veces se nos van las ganas, surgen dudas a cada paso, queremos abandonar, nos parece aburrido o no nos gusta lo que escribimos. Más de una vez pensamos a quién podrá importarle lo que hacemos. Además, no se gana dinero aunque podría ocurrir; ¿por qué no? El libro *Mamá,* de Jorge Fernández Díaz, que no fue escrito para publicar, lleva 35 ediciones.

Desde mediados del siglo XX ha crecido el interés de los lectores y de los académicos por las autobiografías, las memorias, los epistolarios, los diarios personales, las crónicas, los ensayos y los géneros periodísticos como la entrevista y el reportaje. Son los llamados géneros referenciales, cuando autor y narrador coinciden y se ocupan de hechos reales, es decir susceptibles de ser verificados.

En las librerías la oferta de este tipo de obras es cada vez mayor así como el material teórico sobre estos géneros. La autobiografía, por ejemplo, ha dejado de ser considerada de estética inferior a la novela, la poesía o el drama y también, un feudo de famosos o personalidades destacadas. Escritores consagrados como Paul Auster, Stefan Zweig, Anaïs Nin, Thomas Bernhard, Amélie Nothomb, John M. Coetzee, Rosa Montero han incursionado en el género, algunos con varios libros.

El reconocimiento a lo referencial se ha visto reflejado en la elección de los Premios Nobel de Literatura. En el 2014 fue Patrick Mondiano y Svetlana Alexievich en el 2015. En la obra del primero, la memoria y la identidad son los ejes; en el caso de Alexievich, el trabajo como escritora está vinculado a su rol de periodista y su primer libro *U vojny ne zenskoe lico* (*La guerra no tiene rostro de mujer*) está basado en cientos de entrevistas a mujeres que participaron en la Segunda Guerra Mundial.

En paralelo ha crecido el interés de las personas en general por escribir sus historia. Así, en la autobiografía moderna –a pesar de la repetida y ya anacrónica polémica sobre el narcisismo del que se narra a sí mismo o sobre qué es verdad cuando se escribe la propia historia–, se valora la mirada, la interpretación que el autobiógrafo hace de los hechos de su pasado, más que las hazañas que haya protagonizado. John Maxwell Coetzee, autor de varios libros de corte autobiográfico, dice que no hace falta tener una vida especial, hace falta **una mirada propia**.

Todos tenemos algo que decir sobre los grandes temas de la existencia. Toda vida, por común que sea, tiene grandeza. Solo es importante el lente desde el cual la miramos. No lo olvidemos, pero sobre todo no olvidemos que la vida que no deja testimonio de sus recuerdos, imágenes, sueños, fantasías, desaparece para siempre.

La manera de enfocar la propia historia es **única**. Si nos atenemos a lo vivido, el libro *Mirá por dónde* de Fernando Savater empieza con la familia de origen y llega hasta el presente de la vida del filósofo; *Secretos de familia* de Graciela Cabal se ocupa de la infancia; Jorge Luis Borges en *Autobiografía* (1899–1970) narra solo un aspecto de su vida, el literario; *El crack–up* de F. Scott Fitzgerald y *Esa visible oscuridad* de William Styron se refieren a los estados depresivos de los respectivos autores.

Cuando la narración de la propia historia incluye la vida de antepasados o de otros familiares, el género autobiográfico se cruza con la biografía como en *Mar de olvido,* de Rubén Tizziani, que aborda las vidas de miembros de diferentes generaciones de una misma familia. **El territorio de las historias de familia es vasto**, en tanto que el autor puede tener distintos grados de protagonismo; puede tener un rol principal o ninguno si escribe como simple depositario de la memoria familiar. En cuanto al alcance, una historia puede abarcar la familia extensa del autor, abuelos, tíos, primos y otros parientes consanguíneos o afines, y remontarse a tantas generaciones como se quiera según la información que se posea. Puede referirse a la línea materna y la paterna o solo a una de ellas. Puede focalizarse en solo un integrante –la historia del la madre es un tema recurrente entre escritores–, o puede centrarse en la familia núcleo: padre, madre y hermanos, con breves referencias a otros miembros de la familia. Puede ocuparse de un episodio o de tantos como se desee. La variedad de enfoques y de estructuras narrativas de las historias familiares es profusa por eso, al igual que con las autobiografías, es imposible categorizarlas.

El peso que tiene la historia de origen, los antepasados u otros integrantes de la familia depende de cada autor. Fernando Savater divide su autobiografía en 40 capítulos y solo cuatro están dedicados a su origen. *Raíces*, de Alex Haley, recorre siete generaciones en más de 100 capítulos y en los tres últimos el autor se refiere a los hechos relacionados con la búsqueda de la información sobre el pasado. En *El mar que nos trajo*, Griselda Gambaro toma solo una rama de la familia: la referencia a sí misma aparece en los dos renglones finales.

En los años que llevo coordinando talleres focalizados en géneros referenciales he visto que quienes quieren escribir sobre experiencias personales no aspiran a convertirse en escritores profesionales, aunque sí pretenden escribir con sentido estético. En esa intención de encontrar belleza está el camino que lleva a la literatura. La mayoría descubre **un medio de expresión que ayuda a vivir mejor.** Otra característica común en los autores de autobiografía es que desconfían de la capacidad de imaginar, piensan que es propio de quienes son considerados artistas cuando todos tenemos la posibilidad de desarrollar imágenes novedosas.

En lo personal desearía ayudar a provocar ese encuentro con **las propias potencialidades creativas.** Pretendo que la escritura abra una puerta al juego, a la sensibilidad, al alma. ¿Demasiado? No lo creo. Aprender a expresarse mejor con la palabra escrita trae el beneficio adicional de disfrutar más de los libros que llegan a nuestras manos y sobre todo, ayuda a comunicarse mejor. Silvia W., autobiógrafa, asegura que lo aprendido en el taller le permitió ganar un juicio por unas tierras en disputa con su exesposo. No es poca cosa.

Este libro tiene los contenidos que se desarrollan en los talleres presenciales o en sesiones virtuales: análisis de textos de escritores de oficio, teoría aplicada, ejercicios, consignas. La teoría acerca del género biográfico y autobiográfico, así como los recursos literarios están tomados de distintos libros, sitios Web y conferencias sobre el tema. Las consignas y los ejercicios que se exponen sirven para aplicar técnicas, para estimular la imaginación, para recordar, para jugar. Son los mismos que se hacen en el taller presencial. La mayoría fueron desarrollados por mí y he sumado algunos utilizados por Marcelo Di Marco, Elsa Osorio, Elbio Córdoba y Alma Maritano.

Para escribir es aconsejable leer cualquier tipo de género, de todos se puede aprender algo, dice Stephen King. Si se quiere contar la propia historia es útil leer memorias, novelas autobiográficas, diarios, biografías, historias noveladas y, por supuesto, sagas* familiares. Recomiendo **comenzar por la autobiografía de Stephen King.** En *Mientras escribo* además de hablar de su vida, explica lo que debemos tener a mano a la hora de escribir. Es generoso con lo que sabe, humilde cuando comparte sus miedos y entretenido en la manera de contarlo. De su calidad dan cuenta las muchas citas que de ese libro se hacen en la mayoría de los textos que tratan sobre el escribir.

Este libro no ofrece fórmulas, no obstante recorre algunas herramientas que facilitan la escritura. No veremos gramática, pero será inevitable ocuparnos cada tanto de ella. En muchos casos solo se pone nombre a recursos que alguna vez se estudiaron en la escuela o que se conocen por el simple ejercicio de la lectura. Se verán muchas referencias a textos de escritores de oficio porque pienso que es la mejor manera de aprender y de abrir nuestra mente. Frank Smith en su artículo "Leer como escritor" dice que el escritor competente ha leído y lee a otros escritores igual que un niño escucha y aprende de lo que dicen sus padres y después sus amigos. Quienes están aprendiendo tienen que leer como quien ha decidido escribir, es decir como emisor, y no como un mero

---

* Saga es el relato novelesco que abarca las vicisitudes de dos o más generaciones de una familia. El origen de la palabra proviene de los relatos de familias islandesas de los siglos X y XI. Cuando las "sagas familiares" están escritas por un miembro de la familia, la autobiografía se entrecruza con la biografía. Tal vez sea necesario encontrar o crear una palabra nueva para este tipo de escritos que, por lo general, se denominan "novelas" cuando son exitosos o "memorias" si el autor es una persona pública. RAE (Real Academia Española)

receptor porque es la mejor manera de lograr escribir bien. Por esa razón, las citas de libros de escritores profesionales ilustran esa idea, y además, acompañan mi secreta intención de despertar el deseo de leerlos.

De tanto en tanto me detengo en uno de los libros mencionados y hago una especie de radiografía para observarlo por dentro.

De tanto en tanto propongo ejercicios. Son los mismos que se hacen en los talleres que coordino y tienen como finalidad, como antes se dijo, practicar técnicas, ayudar a recordar, imaginar, jugar.

¿Seré capaz? Es una de las preguntas que surgen al comenzar y no tengo la respuesta, pero sí sé que persistir en un propósito logra resultados. Sé también que el deseo y la dedicación son más importantes que aprender técnicas porque estas en sí mismas no garantizan nada aunque, sin duda, facilitan la tarea.

Libros

Mientras escribo, de Stephen King

Sobre muchos libros de Stephen King se han hecho películas inolvidables. Quién no recuerda *Misery* con James Caan interpretando al escritor, postrado en la cama, a merced de la locura de su fanática lectora; a la adolescente Carrie cubierta de sangre; o al loco que persigue a su familia por un hotel deshabitado en medio de una montaña nevada. Puede que no te guste leer libros de terror pero no dejes de lado *Mientras escribo* porque es indispensable para quien quiere escribir. Hay pocos escritores que hablen del oficio con tanta generosidad. Está escrito desde las entrañas y la primera persona que utiliza es la voz sincera de un amigo que ofrece su experiencia como ayuda.

Es un libro de alrededor de 200 páginas (Félix Luna me dijo que esa es la extensión adecuada para un libro en la Argentina. Ni tan pequeño que parezca poca cosa, aun cuando el interior sea de calidad, ni tan extenso que eleve demasiado el precio). Está dividido en cuatro partes tituladas: "Currículum vitae", "Caja de herramientas", "Escribir y "Posdata: vivir".

En el primero relata recuerdos hasta poco antes de sus 40 años cuando ya era un escritor reconocido. De los primeros años no tiene mucha memoria. De su infancia dice que es "un paisaje de niebla de donde surgen recuerdos aislados como árboles solitarios" (hermosa metáfora y comparación, ¿verdad?).

"Currículum vitae" tiene 38 divisiones numeradas. Es una lista de "instantáneas desenfocadas" algunas de las cuales dan cuenta de su formación como escritor. Advierte, a los que se esfuerzan en leer entre líneas, que no hay un hilo conductor. Los recuerdos siguen un orden cronológico y a medida que avanza en el tiempo se vuelven más nítidos. La división de mayor extensión alcanza un par de páginas y la menor, cinco líneas.

¿Cómo es su estilo? Ágil, insolente; su lenguaje es informal, tutea, dice malas palabras, bromea, y recurre a técnicas narrativas sobre todo al diálogo. ¿Qué destaca de la narración? La franqueza al relatar su problema con el alcohol y las drogas, su increíble persistencia para seguir adelante cuando era rechazado una y otra vez por las editoriales y el recuerdo final sobre el escritorio soñado. La primera parte termina con unas reflexiones sobre su oficio y está titulado: "Qué es escribir".

"Caja de herramientas" tiene cinco divisiones referidas a los instrumentos necesarios que debemos tener a mano, sin dejar de lado algunas de sus obsesiones como el exceso de adverbios o el uso de la voz pasiva. Es un buen preludio para la tercera parte en la que relata cómo escribe él. En sus 16 divisiones nos pasea por temas imprescindibles: dedicación, inspiración, lectura, lenguaje, importancia de la verdad, construcción de personajes, trama y muchos otros. Inolvidables las anécdotas de cómo surgieron algunas de sus historias más conocidas como *Carrie* y *Misery*.

"Posdata: vivir" no es muy extenso, tiene siete divisiones. Es el relato del accidente en el que casi pierde la vida. Una camioneta lo atropelló durante una de sus caminatas diarias.

Ocurrió mientras estaba dedicado a este libro. De esta parte quiero destacar el rol de Tabby, su mujer, que hace honor al dicho que quiero parafrasear así "Detrás de un gran escritor además de una gran mujer hay una escritora", porque sin Tabitha King –autora de siete novelas– ni *Carrie* ni este libro hubieran llegado a un punto final. Tabby sacó del tacho de basura el borrador de *Carrie,* supo que tenía valor literario y lo instó a seguirlo; lo mismo hizo para que no abandonara *Mientras escribo* cuando apenas podía permanecer sentado por los dolores que sufría debido a las muchas cirugías que soportó después del accidente.

Por último, el libro tiene tres prólogos escritos por el propio autor y termina con dos coletillas* sobre los temas que considera más importantes: la corrección y la lectura. El primero lo explica con un ejemplo, el segundo con una larga lista de los libros leídos por él en los últimos tres años. Enumerar los que ha leido a lo largo de la vida hubiera sido imposible ya que Stephen King lee alrededor de 80 libros por año.

---

* Coletilla. f. Adición breve a lo escrito o hablado, por lo común con el fin de salvar alguna omisión o de reforzar compendiosamente lo que antes se ha dicho. RAE

▶ Como enamorarse

Sí. Una vez que uno se sumerge entero en la escritura literaria es lo más parecido a estar enamorado. Lo escribió Rosa Montero y lo compara con eso que sentimos por la persona amada que nos lleva a estar todo el día pensando en ella. Uno espera el colectivo, apoya la cabeza en la almohada, está en la cola del supermercado y, sin darse cuenta, se descubre ideando cómo escribir tal o cual cosa. Rudyard Kipling confiesa en su autobiografía *Algo de mí mismo,* escrita poco antes de su muerte, que escribir le provocaba placer físico; coincide con Alessandro Baricco, autor de *Seda,* quien dijo que "escribir es un placer físico. Es como volar. Un juego. Como jugar al ajedrez con alguien".

La intensidad o la manera particular de sentir el proceso de la escritura depende de cada autor, pero cierto es que nos pasan cosas en el mientras tanto. Expresar lo que sentimos y pensamos más allá del talento artístico que tengamos, ayuda a **vivir mejor**. Los escritores que enfermaban de tuberculosis o se suicidaban por su oficio pertenecen a otro siglo. Eduardo Punset, un divulgador de la ciencia, en su libro *La búsqueda de la felicidad*, explora en la ciencia los beneficios de hacer arte y consumirlo. Aun cuando la música está primera en el ranking, toda forma de arte es un amparo ante la angustia de la existencia que, además, permite alejarse de las propias limitaciones, algo que otros encuentran en la religión o en la política. Para Macotela, pintor y escultor, el arte es un bello abrigo de la mente y para Gao Xingjian, Premio Nobel de Literatura del año 2000, la escritura es un refugio donde el espíritu vuela. Punset dice que el arte es un viaje a la felicidad del que se puede regresar sin peligro y sin efectos secundarios, al contrario de otros viajes que algunos hacen a través de las drogas, el alcohol o la comida.

Escribir, ficción o realidad, es siempre una manera de conocerse, de entenderse y entender a los demás. La palabra escrita puede ser el mejor recurso cuando necesitamos comprender qué nos sucede, tomar una decisión importante o comunicar a alguien algo sentido. El proceso puede ser doloroso. Georges Simenon al terminar *Carta a mi madre* se enfermó. Escribió: «enfermo tal vez por descubrir que no era el hombre que yo creía ser, enfermo también por saber que mi madre no había sido sino una mujer muy humilde [...] que habría merecido más mi ternura y mi piedad que cierta indiferencia y cierto rencor».

Escribir siempre es búsqueda. Una búsqueda que va más allá de explorar lo que sentimos o pensamos, más allá de escarbar en la memoria o en la lengua en pos de la palabra precisa. Es una búsqueda a ciegas porque no sabemos qué vamos a encontrar hasta que algo ocurre y entonces, por unos segundos, como un relámpago, se abre el cielo y se despejan las sombras que cubren nuestra existencia... y solo para volver a experimentarlo seguiremos escribiendo.

▶ Obstáculos

Al escritor autobiográfico se lo considera un enfermo de narcisismo, un enamorado de su propia historia sin la cual el mundo no sobreviviría. Bueno, hay que lidiar con eso. Cierto es que **de narcisistas todos tenemos un poco** pero, por lo general, tienen mucho más aquellos que se creen dueños de la verdad. Es cierto que losególatras y exhibicionistas se sienten atraídos por la idea de escribir sobre sí mismos –entre los que hay muchos artistas, escritores y políticos–, pero no suelen escribir buenas autobiografías porque están más interesados en lo que se pensará de ellos que en explorar su propia verdad.

Es fácil distinguir a los que no pasarán de la segunda página, hacen afirmaciones como "mi historia es para escribir un libro, todos me lo dicen". Saben cómo captar la atención de los demás pero no tienen la voluntad necesaria para la palabra escrita. "Solo tengo que buscar el momento para sentarme y hacerlo", argumentan. Lo más probable es que nunca lo encuentren.

Otra frase es "con escritores como Borges o Shakespeare yo no tengo derecho a escribir". Compararse con grandes escritores paraliza, mejor tenerlos de maestros que competir con ellos. Tal vez se busca no confrontar con lo que se es capaz porque en la imaginación todos somos flacos y geniales.

Están los que dicen que ya se ha escrito mucho y para qué agregar algo más a ese océano de palabras y están los que superan miedos y dudas: son los que saben que si no escriben lo que tienen para contar nadie más lo hará y esa vida o vidas **se perderán para siempre.**

A lo largo del proceso de la escritura, incluso cuando se ha puesto el punto final, la frase más repetida es: "¿a quién le puede importar lo que escribo?". La respuesta es simple: si interesa a uno mismo, seguro que a otros también.

▶ Por dónde empezar

Beryl Markha, una aviadora y aventurera, inicia su autobiografía titulada *Al oeste con la noche* reflexionando sobre lo que nos suele pasar a todos cuando queremos empezar a escribir la propia historia: cómo ordenar los recuerdos que se nos precipitan completamente enredados. Escribe Beryl:

> ¿Cómo es posible poner orden en los recuerdos? Me gustaría empezar por el principio, con paciencia, como un tejedor en su telar. Me gustaría decir: «El lugar de partida es éste; no puede ser otro. Pero hay un centenar de sitios por dónde empezar porque hay un centenar de nombres —Mwanza, Serengetti, Nungwe, Molo, Ibkuru—. Hay fácilmente un centenar de nombres y lo mejor que puedo hacer es elegir uno de ellos —no porque sea el primero ni porque tenga ninguna importancia en el sentido de disparatada aventura, sino porque resulta que ahí está, el primero en mi diario—. Al fin y al cabo, yo no soy tejedor. Los tejedores crean. Esto es un recuerdo, una rememoración. Y los nombres son las llaves para abrir los pasillos que ya no están nítidos en la mente aunque sigan siendo familiares para el corazón.
>
> Por lo tanto el nombre será Nungwe —tan válido como cualquier otro—, apuntado así en el diario, para prestar realidad, ya que no orden, a los recuerdos.

Beryl decidió empezar por el nombre de un lugar cualquiera de África de los muchos que le vinieron a la memoria. Aun cuando para ella fue aleatorio, es un buen comienzo porque de entrada nos presenta su esencia aventurera: una mujer, en 1935, piloteando su avión en medio de la noche para llevar una carga a Nungwe, un pueblo perdido de África.

En *La loca de la casa* Rosa Montero también se pregunta sobre cómo ordenar sus recuerdos:

> Me he acostumbrado a ordenar los recuerdos de mi vida con un cómputo de novios y de libros. Las diversas parejas que he tenido y las obras que he publicado son los mojones que marcan mi memoria, convirtiendo el informe barullo del tiempo en algo organizado. "Ah,

aquel viaje a Japón debió de ser en la época en la que estaba con J., poco después de escribir Te trataré como a una reina", me digo, e inmediatamente las reminiscencias de aquel periodo, las desgastadas pizcas del pasado, parecen colocarse en su lugar. Todos los humanos recurrimos a trucos semejantes; sé de personas que cuentan sus vidas por las casas en las que han residido, o por los hijos, o por los empleos, e incluso por los coches.

El escritor alemán Hans Magnus Enzensberger organiza los recuerdos de su carrera a partir de sus fracasos. *En Mis traspiés favoritos, seguidos de un almacén de ideas* recurre al humor y a la ironía para narrar sus primeros tropezones de escritor novel hasta llegar a los de profesional experimentado. Después continúa con los que tuvo en cada uno de los rubros en que participó: poesía, narrativa, traducción, guiones, proyectos para radio y televisión, ópera y cine.

Una manera sencilla de organizarse es **empezar por hacer una lista de lo que se podría contar**. Las listas de lugares, personas y objetos han obsesionado a los hombres desde el comienzo de la historia. Dondequiera que uno mire, en la historia cultural, encuentra listas, dijo Umberto Eco, autor de *El vértigo de las listas*, un libro del año 2009 sobre la evolución del concepto de lista a través de la historia. En su libro autobiográfico *Confesiones de un joven novelista*, escrito dos años después, nos habla de sus listas. Según él todos los escritores hacen listas, en especial, cuando el tema es demasiado vasto. Las divide en listas prácticas y listas poéticas. Las primeras son finitas como lo es, por ejemplo, una lista de compras del supermercado o un catálogo, la segunda es abierta, infinita. Mis libros, dice Eco, están llenos de listas. En una entrevista realizada por Susanne Beyer para la revista alemana Der Spiegel hizo una observación interesante: "Tenemos un límite, uno muy desalentador y humillante: la muerte. Por eso nos gustan todas las cosas que se supone que no tienen límites y, por tanto, sin fin. Es una manera de escapar de los pensamientos sobre la muerte. Nos gustan las listas porque no queremos morir".

Ray Bradbury en su libro *Zen en el arte de escribir* propone las listas como recurso literario. Para él hacer listas era el mejor camino para encontrar inspiración. Cuenta que descubrió en las listas una estrategia para la creatividad porque servían para entrar en el inconsciente. Su método era registrar los sustantivos que ocupaban su mente sin pensar y luego, mediante la asociación libre, armar el rompecabezas que compondría un relato:

> Estas listas eran provocaciones que, finalmente, llevaban lo mejor de mis cosas a la superficie. Sentía cómo me dirigía hacia algo honesto, escondido en una trampilla debajo de mi cráneo. [...] Las listas eran algo como esto: El lago. La noche. Los grillos. La barranca. El ático. El sótano. La trampilla. El bebé. La multitud. El tren de la noche. La sirena de niebla. La guadaña. El carnaval. El carrusel. El veneno. La casa de los espejos. El esqueleto.

Bradbury utilizó este método con mucha frecuencia para crear sus historias. Su famoso libro *Fahrenheit 451* fue el resultado de dos listas, lo que más odiaba, que se quemaran libros, y lo que más amaba, los libros. En una de sus últimas entrevistas, Sam Weller, su biógrafo personal, le preguntó sobre el tema de las listas y dijo:

> En tu cabeza hay tres cosas: En primer lugar todo lo que has vivido desde que naciste, cada día, cada semana, cada segundo de tu vida. Después está la

forma en que reaccionaste a cada uno de esos eventos, ¿fueron felices?, ¿desastrosos? Estos dos puntos te dan el material con el que trabajar. En tercer lugar, separado de tus experiencias vitales, está todo lo que sabes sobre arte, lo que has aprendido leyendo y estudiando. Todo eso está ahí dentro, mezclado, tu trabajo es sacarlo. ¿Cómo lo haces? Yo lo hacía con mis listas de nombres y preguntando: ¿qué significa esto para mí? Ahora mismo puedes hacer tu lista de nombres y será totalmente distinta de la mía. Cada lista es personal.

Es claro que las listas son un recurso para la creatividad y, por supuesto lo son para empezar un proyecto de libro. Se trata simplemente de anotar temas, ideas, preguntas, nombres de personas que se nos crucen por la cabeza, anécdotas, frases, reflexiones que susciten tal o cual recuerdo. Es una lista larga sin censura, orden o criterio. Los recuerdos surgen aislados porque la memoria funciona con su propio orden. La lista puede ser solo enumerativa o algo descriptiva, registrar dos o tres palabras clave que permitan recordar después por qué eso está en la lista. Es útil llevar una pequeña libreta en el bolsillo o utilizar el memo del teléfono celular. Los recuerdos y las ideas aparecen en cualquier momento y lo mejor es anotarlos porque así como aparecen los olvidamos. Más adelante podremos darles algún orden cronológico, temático y decidir por dónde y cómo empezar, así como los criterios a seguir para organizar lo que queremos contar.

Una vez que se tiene esa lista se puede escribir sobre cualquiera de los ítems anotados. Todo lo que se escriba de una manera u otra será útil aunque en ese momento todavía no sepamos la estructura que tendrá nuestra historia.

Una lista básica podría empezar así:

Nombre propio – Apellidos – Nacimiento – Autorretrato – Ancestros – Padres – Hermanos – Parientes – Personajes importantes en mi historia – Estudios – Trabajo – Mudanzas – Viajes, etcétera.

Y cada ítem puede abrirse a nuevas listas:

Por ejemplo, nacimiento: El lugar donde nací – Hora de nacimiento – Estación del año – Circunstancias del acontecimiento – Qué contaba mi madre y qué mi padre – Hechos que ocurrieron ese día en mi ciudad, en mi país y en el mundo – Carta natal – Signo astrológico – Numerología – Cumpleaños.

Y abrimos cada uno de estos items a más listas: Festejos – Tortas de cumpleaños – Invitados – Regalos – La fiesta inolvidable.

Las listas se abren también a emociones, sentimientos, deseos, fantasías y a objetos, por ejemplo: libros, música, peliculas, juguetes, cuadernos, zapatos... Sí, zapatos, pasamos toda la vida sobre zapatos, seguro que algo podríamos contar relacionado con ellos.

En las biografías familiares lo común es comenzar con el dato más antiguo que se conoce y en las autobiografías con el nacimiento. Ocho de cada diez personas empiezan la narración de vida con un hecho del que fueron parte pero no son capaces de recordar. Curioso. Después las historias siguen un orden cronológico hacia el futuro que es el presente del que escribe.

Los comienzos con **una escena potente,** que de alguna manera haya marcado la vida del protagonista (o de la familia) o que sea reveladora de la historia que se quiere contar, atraen al lector. Como el viaje nocturno de Beryl en medio de la selva intentando distinguir la luz de las fogatas para poder aterrizar. Si además, la escena encierra alguna de las emociones básicas (ira, felicidad, sorpresa, asco, tristeza y miedo), la empatía con el lector será inmediata.

El comienzo del libro *Nada se opone a la noche* de Delphine de Vigan deja sin aliento:

> Mi madre estaba azul, de un azul pálido mezclado con ceniza, las manos extrañamente más oscuras que el rostro, cuando la encontré en su casa esa mañana de enero. Las manos como manchadas de tinta en los nudillos de las falanges.
> Mi madre llevaba varios días muerta.

Veamos otro escritor y la misma situación, en este caso el austríaco Peter Handke. Así comienza la historia de su madre *Desgracia impeorable*:

> En la sección Diversos, de la edición dominical del Volkszeitung, de Carintia, decía: «En la noche del viernes al sábado una mujer de 51 años de edad, de A (municipio de G), madre de familia, se suicidó tomando una sobredosis de somníferos».
> Ya han pasado casi siete semanas desde que murió mi madre y quisiera ponerme a trabajar antes de que la necesidad de escribir sobre ella, que en el entierro fue tan fuerte, se transforme en embotamiento, aquel quedarse sin habla con que reaccioné a la noticia de su suicidio.

Sin embargo, un hecho simple como encontrar un gato lastimado y abandonado en la puerta de la propia casa puede resultar atrapante por la manera en que está contado. Es el caso de *Un gato callejero llamado Bob*, la historia real de James Bowen, un músico callejero adicto a la heroína.

> Según una famosa cita que leí en alguna parte, a todos se nos ofrecen segundas oportunidades cada día de nuestras vidas. Están ahí para que las tomemos, pero simplemente no lo hacemos.

He pasado una buena parte de mi vida confirmando esa cita. Se me dieron un montón de oportunidades, algunas veces a diario. Durante mucho tiempo no supe aprovecharlas, pero de pronto, a principios de la primavera de 2007, eso comenzó a cambiar. Fue justo entonces cuando me hice amigo de Bob. Al echar la vista atrás, algo me dice que también debía de ser su segunda oportunidad.

La primera vez que lo vi fue una tarde de un sombrío jueves de marzo. Londres aún no se había despedido del invierno y en las calles hacía un frío cortante, sobre todo cuando el viento soplaba desde el Támesis.

Los inicios de historias que proponen intriga siempre son atractivos. Están los que comienzan con un pronombre: "Ella sintió el mismo aroma a lavanda que había en la casa de su infancia" o con un parlamento y mejor si incluye un conflicto como en el cuento *Las dos Elenas* de Carlos Fuentes:

—No sé de dónde le salen esas ideas a Elena. Ella no fue educada de ese modo. Y usted tampoco, Víctor. Pero el hecho es que el matrimonio la ha cambiado. Sí, no cabe duda. Creí que le iba a dar un ataque a mi marido. Esas ideas no se pueden defender, y menos a la hora de la cena. Mi hija sabe muy bien que su padre necesita comer en paz. Si no, en seguida le sube la presión. Se lo ha dicho el médico. Y después de todo, este médico sabe lo que dice. Por algo cobra a doscientos pesos la consulta. Yo le ruego que hable con Elena. A mí no me hace caso. [...] Pero que a la hora de la cena le diga a su padre que una mujer puede vivir con dos hombres para complementarse... Víctor, por su propio bien usted debe sacarle esas ideas de la cabeza a su mujer.

Una manera diferente de comenzar una autobiografía es la que eligió el semiólogo Ronald Barthes. En *Ronald Barthes por Ronald Barthes* empieza con fotos familiares que lo fascinaban y epígrafes nada convencionales.

Ejercicios 1

1.1. Saber los por qué. Contestar las siguientes preguntas: ¿Disfrutás cuando escribís? ¿Estás dispuesto a recordar? ¿Tenés textos escritos: cartas, diarios, frases? ¿Escribir te hace bien? ¿Escribir te ayuda a pensar, a tomar decisiones? ¿Escribís para no olvidar? ¿Escribís para rendir cuentas, para exorcizar un dolor, para revivir a un ser querido? ¿Te gusta contar tus experiencias a tu familia y amigos? ¿Te interesa recuperar el pasado para tus descendientes? ¿Te interesa hacer públicos tus escritos?

1.2. Escribir sin detenerse a pensar 10 palabras que tengan relación con la historia que querés contar. Esta consigna puede hacerse, por ejemplo, con sustantivos que tengan relación con tu presente o con determinado tema. Después elegir palabras para escribir textos, por ejemplo, la primera y la última.

1.3. Buscar una foto familiar y contar la historia que contiene.

1.4. Escribir un texto que contengan las respuestas a las siguientes preguntas: ¿Cuál es el origen de mi nombre? ¿Por qué me lo pusieron? ¿Qué significa? ¿Me gusta? ¿Tengo un solo nombre? ¿Todos me llaman del mismo modo? ¿Qué origen tiene mi apellido? ¿Cuál uso? ¿Cómo me siento con mi apellido? ¿Me gustaría tener otro nombre?

1.5. Hacer una lista de las situaciones personales que cambiaron el rumbo de tu vida. Elegir una y describirla en 500 palabras.

▶ El primer renglón

Supongamos que se tiene una idea de por dónde empezar, pero **¿cómo contarlo?** Seymour Menton, escritor, catedrático de Literatura Hispanoamericana, considera que la primera oración tiene que captar la atención del lector con su concisión, su originalidad y algo inesperado. Sin duda, Delphine De Vigan lo tuvo en cuenta. Las primeras palabras que utiliza para describir la escena en la que encuentra a su madre muerta impactan de manera brutal.

A veces encontrar esas primeras palabras es destapar la botella que deja salir al genio. Recuerdo exactamente dónde estaba, medio dormida en un viaje rumbo al sur, cuando se me ocurrió que mi libro *Mujeres en tierra de hombres* —sobre mujeres que vivieron en la Patagonia desde el siglo XVIII—, tenía que empezar como empiezan los cuentos: "Había una vez". Esas tres palabras me guiaron para narrar en tono de leyenda la visión de los europeos sobre esa tierra en el fin del mundo que se imaginaba habitada por gigantes. Y surgió la primera frase: "Había una vez una tierra lejana y olvidada por los hombres de las Luces". Cuando decidí incluir, junto con las biografías noveladas de las mujeres, los viajes hechos por la Patagonia para investigar, el libro tuvo dos comienzos. "En la Patagonia me llenaba de electricidad, literalmente" es la frase con la que comencé el libro, y aún hoy me parece acertada.

He aquí algunos inicios impactantes:

> Siempre me siento más solo cuando hace frío.
> *Zapatos italianos*, novela de Hennig Mankell.

París estaba bloqueado, hambriento, agonizante. Apenas había ya gorriones en los tejados ni ratas en las alcantarillas. Era una hermosa mañana de enero.
Dos amigos, cuento de Guy de Maupassant.

En el Gulf Stream en un bote, hacía ochenta y cuatro días que un viejo pescador solitario no recogía un solo pez.
El viejo y el mar, novela de Ernest Hemingway.

Había 117 psicoanalistas en el vuelo de Pan Am a Viena, y por lo menos seis de ellos me habían tratado. Por otra parte estaba casada con el séptimo.
Miedo a volar, novela autobiográfica de Erica Jong.

Soy un enfermo. Soy un malvado. Soy un hombre desagradable.
Memorias del subsuelo, de Fiódor Dostoyesvski.

Comenzaré por decir, sobre los días y años de mi infancia, que mi único personaje inolvidable fue la lluvia.
Confieso que he vivido, autobiografía, capítulo "Infancia y poesía" de Pablo Neruda.

Muchos años después, frente al pelotón de fusilamiento, el coronel Aureliano Buendía había de recordar aquella tarde remota en que su padre lo llevó a conocer el hielo.
Cien años de soledad, novela de Gabriel García Márquez

En el verano del 89 se produjeron dos acontecimientos importantes en la vida de Agostino cuyo transcurso no le había deparado sufrimientos ni alternativas notables.
El mar que nos trajo, narrativa de familia, de Griselda Gambaro

En síntesis, tenemos que prestar atención a **las primeras palabras de una historia,** de un capítulo... y también a cada una de las palabras que siguen.

▶ Jugar con las palabras

Hay quienes una vez que deciden escribir su historia quieren hacerlo desde el capítulo uno de los 15 o 20 que imaginan. Adelante. Pienso que hay que alentar las iniciativas porque la realidad está organizada para entorpecerlas, sin embargo es aconsejable empezar por "**soltar la mano**" con el único objetivo de entrenar el manejo de la palabra escrita y practicar técnicas que ayudarán a resolver los problemas que se presentarán durante el proceso de la escritura. Entonces, se trata simplemente de escribir y escribir, y corregir que es como se aprende. Se puede comenzar por cualquiera de los ítems que se anotaron en la lista y/o seguir los ejercicios/ consignas que se proponen en este libro. Se encontrarán juegos de palabras que hacían los romanos y griegos cultos porque así se entretenían en sus momentos de ocio. Por ejemplo, el tautograma que es un texto con sentido formado con palabras que empiezan por la misma letra. Otro juego, que además sirve para tener activas nuestras neuronas, es escribir un palíndromo que es una palabra o frase (si es un número se llama capicúa) que se lee igual de izquierda a derecha, que de derecha a izquierda.

No puedo dejar de mencionar, a modo de homenaje, al escritor argentino Juan Filloy, el autor más grande del mundo de palíndromos; publicó más de 8000. Filloy llegó lúcido a sus 105 años.

Las **palabras son nuestra materia prima**. Elegirlas y darles un orden para que expresen nuestras ideas, nuestras emociones, nuestras búsquedas, en definitiva nuestra visión personal de lo real o imaginado es el trabajo del que escribe. Y, al utilizarlas, conviene tratarlas con extrañeza. ¿Por qué?

Estamos demasiado acostumbrados a ellas y las usamos sin pensar, las repetimos por costumbre y muchas veces con un significado distinto del que tienen. Por eso es imprescindible tener un diccionario a mano.

El diccionario nos da lo que desde la ciencia del lenguaje se llama denotación, es decir el significado originario de una palabra, válido para todos los que hablamos el mismo idioma. Así 'llorar' es derramar lágrimas, pero se podría usar con otro significado, por ejemplo, 'el día llora' para decir que está lloviendo. Esto además de ser una metáfora se llama connotación.

La historia, la cultura, **el medioambiente carga las palabras de subjetividad**. La palabra 'proceso' denota en sus primeras dos acepciones: la acción de ir hacia adelante y el transcurso del tiempo. Sin embargo, para los argentinos adultos en los años 70 era sinónimo de 'dictadura militar' debido a que los militares llamaron a su gobierno "Proceso de Reorganización Nacional". Hoy, en tiempos de la posverdad, en la Argentina, hay quienes asocian 'relato' con mentira.

La connotación es, a mi juicio, la expresión más vívida que tienen las palabras. "**El poder de las palabras** está en su connotación", me contestó el escritor chileno José Donoso cuando le pregunté por el poder de las palabras en un reportaje que le hice hace muchos años.

Veamos otro ejemplo: 'oscuridad' en algunas culturas puede connotar tristeza, muerte, depresión, pero en Islandia, un país que vive gran parte del año en la oscuridad, debe necesariamente adquirir un sentido amigable, de otra manera sería imposible vivir allí. Los islandeses acunan la expresión "dejarse abrazar por la oscuridad", una frase que, sin duda, nació de un poeta.

Las palabras son importantes porque son **un regalo de la humanidad**. Gracias a ellas somos humanos. Deberíamos amar las palabras y reconocerles el poder que encierran para conmover, asustar, entretener, informar, agredir... y para tratar de explicarnos el sentido del mundo en que vivimos.

▶ La fuerza de la palabra pan

"¡Te emperifollaste!", decía mi padre cuando me veía bien vestida. En esa época yo no tenía idea de que la palabra emperifollar tenía relación con el perejil porque emperejilar quiere decir "adornarse alguien con profusión y esmero". Ambos verbos provienen de los nombres de dos vegetales: el perifollo y el perejil. El perifollo es, como el perejil, un condimento que sirve como adorno de ciertas comidas.

No hace mucho supe que 'menesteres' se usaba para expresar la necesidad fisiológica de eliminación (no es fácil encontrar una expresión que no sea un eufemismo para nombrar la eliminación de desechos). La palabra procede del latín *ministerium* y es aquello que se necesita o que se precisa por algún motivo. La palabra azafata también es viajera: viene de azafate, 'bandeja', que a su vez proviene del árabe safat, con significado similar. De ahí pasó a expresar 'criada de la reina' por la bandeja que tenía en las manos mientras vestía a la reina, de donde derivó a las auxiliares de vuelo. ¡Cómo la sirviente sostenía una bandeja mientras ayudaba a vestir resulta difícil de imaginar!

Hay **palabras llenas de sonidos**: 'gentío', 'trueno', 'tintineo', que al leerlas uno rememora a mucha gente reunida, el estremecimiento que provoca un trueno o la música de una campanita. Las hay adornadas: pedigüeñería tiene cuatro firuletes; pueden ser hermafroditas: 'arte' en singular es masculino y en plural es femenino; curiosas: cinco que se escribe con cinco letras; con significado distinto según el país: 'prolijo' que fuera del Río de la Plata quiere decir "largo y dilatado" o la tan mentada 'coger' que confunde a los españoles que llegan a la Argentina porque en su país significa asir, agarrar o tomar algo o a alguien. Hay palabras que según la experiencia pueden provocar asco, parecer potentes o débiles, o resultar cómicas como 'pororó' y 'sopapa'.

Lo más impactante que he leído sobre las palabras lo escribió Herman Hesse en su ensayo *Über das Wort Brot* (*Sobre la palabra pan*). En el sitio https://www.hermann–hesse se puede escuchar un fragmento en su propia voz, claro que en alemán, pero la traducción al español está en la Web:

> [...] una palabra, cuanto más antigua es, tanta más fuerza vital y evocadora contiene. Todos nuestros idiomas son antiguos, pero su léxico se encuentra en continuo cambio. Las palabras pueden enfermar, morir y desaparecer para siempre. Y cada día se pueden añadir nuevas palabras a las viejas existentes en cualquier idioma.

Hesse enumera palabras como empresa filial, reparto de dividendos, variabilidad de la rentabilidad, bomba atómica o existencialismo, que tal vez mañana ya no existan. Son palabras sin sustancia y agrega acerca de ellas:

> Denominan, pero no evocan. No vienen de abajo, de la tierra y del pueblo, sino de arriba, de los despachos de redacción, los de contabilidad de la industria, los oficiales de las autoridades. Pero las palabras antiguas, auténticas, adultas, doradas, genuinas y con valor íntegro son: padre, madre, ancestros, tierra, árbol, monte,

valle. Cada una de ellas la entiende por igual tanto el pastorcillo como el profesor o el diputado.

Cada una de ellas habla no solo a nuestro entendimiento, sino también a todos los sentidos. Cada una evoca una gran cantidad de recuerdos e ideas. Cada una se refiere a algo eterno, imprescindible, que no puede quedar fuera del pensamiento.

Entre estas palabras buenas, de grueso contenido, figura también la palabra pan. Basta con decirla y empaparse de lo que contiene, y ya todas nuestras fuerzas vitales, tanto las del cuerpo como las del alma, se alertan y se ponen en actividad. El estómago, la garganta, la nariz, la lengua, los dientes y las manos hablan con ella. Recordamos la mesa de comedor en la casa paterna. A su alrededor están sentadas las entrañables figuras de la niñez. Papá o mamá cortan las rebanadas de la gran hogaza y miden el tamaño y el grueso según la edad o el hambre del que la recibe. En las tazas humea la leche caliente de la mañana. O recordamos cómo a hora temprana, aún en la penumbra de la noche, sentimos el olor de la panadería, caliente y nutritivo, estimulante y satisfactorio, que despierta el hambre y que también medio la mitiga. Además recordamos toda la historia del mundo a través de las escenas y las imágenes en las que el pan desempeña un papel.

Hesse termina este texto extraordinario diciendo que se podría escribir un libro sobre la palabra pan y con dos citas sobre la manera en que algunos pueblos invocan al pan con ternura: los alemanes acostumbran a decir "querido pan" y los españoles dicen de una persona es "buena como el pan".

Libros

Mamá, de Jorge Fernández Díaz

Mamá es la historia real de Carmen, la madre del escritor–periodista. Una asturiana que a los 15 años llegó solita a la Argentina. La familia había depositado en ella la esperanza de salir de la miseria en la que vivía, pero nadie la siguió y ella tuvo que abrirse camino sola en un país ajeno.

El libro se inicia con un epígrafe de Truman Capote el creador de la novela de no ficción (llamada también novela testimonio), un género literario que aborda personajes y hechos reales con técnicas literarias y que, por lo general, se sustenta en entrevistas. *Mamá* entraría dentro de esta categoría, también dentro de lo que actualmente se llama narrativa familiar en donde se mezclan la biografía y la autobiografía con recursos de la ficción.

Tiene 10 divisiones o capítulos cada uno con epígrafes y título. Si recordamos lo que dice Barthes acerca de que el índice es un texto en sí mismo, se puede decir al leerlo que *Mamá* es también un libro sobre mujeres: "Mimí", "Mamá" "María", "Carmina", "Consuelo", "Marcial", "Mary", "Jorge", "Gabi" y "Otilia".

Mamá comienza con una oración breve y contundente y sigue con otra que genera curiosidad:

Mi madre ya no llora con esas cartas. Pero no acierta a recordar cuándo ni dónde las guardó, ni por qué será que prácticamente las da por perdidas. Son las cartas de Mimí. Y vienen de Ingeniero Lartigue, una aldea de treinta casas y cien labriegos, que alguien olvidó en Asturias, muy cerca y muy lejos de León, en un monte escarpado y silencioso que era zona de hambruna en la posguerra.

Las primeras páginas cuentan la vida de Mimí y de su hermano Jesús, amigos de Carmen. Dos inmigrantes ya viejos quienes, después de lucharla en la Argentina y de perderlo todo en las sucesivas crisis económicas, deciden volver a su país de origen y someterse a la caridad de sus parientes españoles.

No es casual la elección de este inicio. El presente desde el cual se sitúa el autor narrador es un tiempo difícil de la Argentina, miles hacen cola en las embajadas para irse del país. Esas primeras páginas provocan, me provocaron, una tristeza sin consuelo. La misma tristeza, bronca e impotencia que siento cuando leo historia argentina (o los diarios cada mañana) para descubrir una y otra vez nuestra incapacidad para construir un país que nos cuide.

Antes de entrar de lleno en la historia, que abarca desde episodios de la vida de la bisabuela materna del autor hasta que Carmen tiene alrededor de 70 años, Fernández Díaz nos cuenta cómo surgió este libro. Ocurrió cuando se enteró de que la psiquiatra de su madre se emocionaba con los relatos que ella contaba. La sorpresa lo llevó a preguntarse cuánto sabía de su madre. O de su padre, agrego yo, porque crecemos sin saber prácticamente nada de uno u otro fuera del rol de padres y, cuando queremos saberlo, es tarde. Para mí fue tarde, por eso sé que el mejor regalo que podemos darle a los hijos –aunque en el momento es posible que no le den valor– es una historia escrita que les cuente de dónde vienen. Las fotos aunque se saquen por miles no reemplazan la palabra.

Jorge Fernández Díaz es autor y narrador en primera persona. La protagonista principal es Carmen que a veces es "mi madre" y otros es Carmen o Carmina. Hay otros personajes con fuerte presencia, incluso la del propio autor, una voz que desaparece para dar lugar a la de otros protagonistas hasta que vuelve a aparecer. La historia sigue cierto orden cronológico, pero no es lineal, va y viene en el tiempo. Es un ensamble de fragmentos o episodios que el narrador va entretejiendo con reflexiones sobre cosas de la vida como las que hace de la maldad, la felicidad o el destino. Con estilo ágil, directo y preciso logra desanudar emociones de todo tipo: pena por esa familia de mujeres luchando por sobrevivir en la miseria; sufrimiento por Carmina cuando se separa de su madre para partir a lo desconocido; impotencia y repugnancia por unos parientes que se aprovechan de una niña que no tiene a quien recurrir; alegría y alivio cuando logra una familia propia o al fin puede viajar a su tierra; pero por sobre todo prevalece la ternura que despierta esa muchachita que solo cuenta con su propia fortaleza para encontrar su lugar en un país extraño.

Este libro, que solo tenía la intención de que los hijos del escritor conocieran sus raíces familiares, agotó muchas ediciones en la Argentina y en España. El ha dicho que escribirlo le permitió verse cara a cara con quienes lo precedieron, sobre todo encontrarse con él mismo. También lo conectó con lo femenino, tan es así, que desde entonces escribe sobre los sentimientos, algo prohido en el periodismo. Los libros siempre enseñan, tanto si somos lectores o autores de los mismos. Tiempo después escribió dos libros de inspiración autobiográfica: *Fernández* y *La segunda vida de las Flores*. Últimamente se ha interesado por historias donde se mezcla la política, el espionaje y lo policial. Estas novelas llevan meses en las listas de *best sellers*.

Historias como *Mamá*, con el trasfondo de la inmigración, son un tema recurrente en países como el nuestro: *El mar que nos trajo*, de Griselda Gambaro; *Mar de olvido*, de Rubén Tizziani, o la reciente *Nomeolvides Armenuhi: La historia de mi abuela armenia*, de Magdalena Tagtachian, otra periodista. La madre es un tema de la literatura universal. Hay obras famosas de la narrativa clásica que tienen a la madre como protagonista: la dominante de *La casa de Bernarda Alba* de Federico García Lorca o la sacrificada, símbolo del despertar del pueblo ruso al socialismo, en *La madre* de Maksim Gorki. Dentro del género autobiográfico son muchos los escritores que han escrito sobre sus madres: *Carta a mi madre*, de Simenon Georges; *Cartas a mi madre* de Sylvia Plath; *Un altar para la madre*, de Ferdinando Camon; *Mi madre, in memorian*, de Richard Ford; *Cartas a mi madre*, de Jean Cocteau; *Carta a mi madre* (poema), de Juan Gelman; *Una muerte dulce*, de Simone de Beauvoir; *Un dique contra el Pacífico*, de Marguerite Duras; *Diario de duelo*, de Roland Barthes; *Desgracia impeorable*, de Peter Handke; *También esto pasará*, de Milena Busquets; *La emoción de las cosas*, de Ángeles Mastretta; *El libro de mi madre*, de Albert Cohen; *Alfred y Emily*, de Doris Lessing; *Nada se opone a la noche*, de Delphine de Vigan; *Con mi madre*, de Soledad Puértolas.

Frases cortas, frases largas

Ernest Hemingway es famoso por su estilo simple y directo: "Escribe frases breves. Comienza siempre con una oración corta. Utiliza un inglés vigoroso. Sé positivo, no negativo", decía. Carlos Fuentes es lo opuesto. Los dos son buenos escritores. Para que se tenga una idea: Georges Simenon usaba un promedio de 15 palabras por frase, Marcel Proust 38 y René Descartes 74 .

El proceso de escritura resultará más fácil si se escribe de manera sencilla, evitando construir frases estrafalarias. Si se tiene un momento de duda acerca de cómo escribir una idea, lo mejor es seguir el orden común de una oración: sujeto–verbo–predicado–complementos. No elegir palabras rimbombantes o inusuales (si hay duda, por lo general la primera acepción del diccionario es la adecuada); no adjetivar sin necesidad (un buen sustantivo es mejor que varios adjetivos). Si soy abogado, médico o policía no usar palabras de la jerga. Unos ejemplos para reír y así recordarlo: "Por ello y teniendo en consideración lo dicho, declaro que te amo" o "Estoy enamorada de un masculino".

Stephen King explica en *Mientras escribo* cómo construir frases de una manera sencilla:

> Las dos partes indispensables de la escritura son los nombres y los verbos. Sin el concurso de ambos no existiría ningún grupo de palabras que mereciera el apelativo de frase, porque frase, por definición, es un grupo de palabras que contiene sujeto (nombre) y predicado (verbo). Las cadenas de palabras así definidas empiezan con mayúscula, acaban con punto y, combinadas, forman un pensamiento completo, que nace en la cabeza del escritor y salta a la del lector.

[...] Juntando un nombre cualquiera con un verbo cualquiera siempre se obtiene una frase. No falla. «Las piedras explotan», «Jane transmite», «Las montañas flotan». Son todas frases perfectas. [...] La simplicidad de la construcción nombre–verbo es útil, porque como mínimo suministra una red de seguridad a la escritura.

Hay quienes escriben de manera simple y otros, compleja. En el primero abundan las oraciones breves, la sintaxis sencilla, muchos puntos y cierta redundancia de pronombres (los personales son yo vos/ tú/ él/ella. Por si lo olvidamos, los demostrativos son: este, ese, aquel y sus variantes; o los indefinidos: alguien, algo, nadie, nada, uno). En el segundo predominan las oraciones largas con subordinadas y por lo general predominan los sustantivos. Bien escritos ningún estilo es mejor que otro. Lo dijo Carlos Fuentes en un reportaje. Su escritura era compleja porque él lo eligió así.

King menciona en su autobiografía que no deberíamos abusar de los adverbios terminados en mente porque lentifican el relato y evitar la voz pasiva porque no es contundente. Los puntos suspensivos hay que usarlos con respeto, por lo general cuando sabemos qué es lo que no estabamos poniendo cuando los usamos y evitemos los adjetivos muy, hermoso o maravilloso, y adjetivar a dúo porque casi siempre sobra uno: inteligente y rápido, tímido y apocado. Agregaría no abusar de los signos de admiración para expresar asombro o usar las mayúsculas para enfatizar. Con la práctica cada uno irá creando su propia lista de palabras o giros impresentables.

▶ En blanco

Esta noche, antes de acostarte, tendrás que escribir. De lo contrario, mañana no será más que un cuaderno en blanco.
S. J. Watson

La inspiración es para aficionados. Yo simplemente me pongo a trabajar.
Chuck Close

Ya está todo listo para empezar, la PC encendida o el cuaderno abierto... y resulta que todo cuanto se tenía por decir se ha evaporado: la famosa sensación de parálisis frente a la página en blanco. Vargas Llosa dice que a él jamás le ocurrió, a Henry Miller le pasaba que cuando tenía que sentarse a escribir siempre se le ocurría hacer otra cosa: **sacar a pasear al perro, arreglar un placard.** Eso se cura imponiéndose horarios de trabajo.

¿Qué hacer si eso ocurre? Es un momento decisivo. Aunque suene voluntarista hay que apretar los dientes y superarlo. Sobre todo hay que tenerse paciencia. Querer centrarse en algo determinado implica también saber enfrentar el vacío. Es posible que sea el miedo a confrontarse ¿y si lo que escribo es malo? Es posible que sea miedo a lo desconocido porque no sabemos a dónde podemos llegar cuando nos proponemos profundizar sobre determinados temas o hechos.

Si somos pacientes eso pasará, y pasará también que habrá textos que no nos agraden y otros que resultarán tan buenos que uno no se reconocerá como autor: ¿fui capaz de escribir esto? La satisfacción de lograr comunicar con precisión y belleza será una de las razones por las que se seguirá escribiendo. Pasa lo mismo con el músico cuando logra una nota impecable en un instrumento musical o con el deportista al escuchar el sonido único que hace la pelota de golf en un tiro perfecto. Claro, no sucede a menudo cuando recién empezamos.

Si se tiene la mente en blanco, si no se nos ocurre nada propongo escribir una carta/correo a un amigo, por ejemplo de 500 palabras, contándole eso que queremos escribir. Si no funciona, escribir lo que se hizo ese día desde que se abrieron los ojos hasta el momento de sentarse frente a la computadora. Picasso dijo: "Cuando llegue la inspiración, que me encuentre trabajando". No hay que esperar a las musas para escribir. Siempre es posible escribir algo, pero si sucediera y como último recurso, se pueden copiar párrafos de alguna novela que nos guste hasta encontrarse con las propias palabras. Recordar las palabras de Karen Blixen: "escribir un poco cada día, sin esperanza y sin desesperación".

▶ El genio protector

¿Hay algún método para escribir que sea mejor que otro? Es una pregunta frecuente y la respuesta es que no lo hay. Algunos necesitan tener una idea completa sobre qué van a escribir antes de sentarse a hacerlo. Llevan días y días pensando hasta que lo vuelcan en papel. Otros hacen listas o escaletas (escenas al estilo de un guión) de lo que quieren escribir; están los que planifican cada paso, es decir organizan un plan y lo siguen, como hacía Goethe; están los que asocian libremente y después organizan, limpian.

Stendhal se dejaba orientar por su brújula interior, Rudyard Kipling por Daimon. El Daimon es un genio protector, un ángel bueno. Platón en *El banquete* lo describe como un ser intermedio entre los mortales e inmortales, era el que debía transmitir los asuntos humanos a los dioses y los asuntos divinos a los hombres. Guiaba a los hombres a lo largo de su vida y en el Hades en el momento de la muerte. Escribe Kipling:

> Mi Daimon me acompañó al escribir El libro de la selva, Kim y los dos libros de Puck, y puse mucho cuidado en no espantarlo. Y no lo hice: una vez terminados, los libros lo confirmaban por sí solos. Una de las cláusulas de mi contrato con mi Daimon era que yo nunca persiguiese «un éxito», ya que ese fue el pecado que acabó con Napoleón y otros. Nota: mientras el Daimon esté al cargo, no intentes pensar racionalmente. Dejate llevar, esperá y obedecé.

En mi caso no tengo una sola manera de **organizar la tarea**. Cuando relaté historias de mujeres reales de más de dos siglos atrás, partí de una cronología de los hechos investigados. Con una lista en la cabeza para cada historia pensaba en un bosquejo de la trama, sobre todo el inicio y el final. A veces empezaba por el dato más antiguo, otras por el medio y otras por el final. Por lo general era el hecho que más me había impactado de la historia. Eso hice, por ejemplo, en el relato "Gertrudis y las siete horcas", que trata de la viuda de Francisco José Esteban Mestivier, el Comandante Político y Militar de las Malvinas asesinado poco antes de la llegada de los ingleses a tomar las islas; toda la historia es impactante y aún hoy me sigue extrañando que no sea conocida. Mestivier fue asesinado por sus soldados y, con el cadáver insepulto frente a la casa, la viuda, que tenía un bebé, se vio obligada a convivir con quien, a su juicio, era el responsable. A poco, la llegada de los ingleses, la tensión de entrar o no en combate, los invasores arriando la bandera, el regreso a Buenos Aires y el juicio a los asesinos. Pero lo impactante, para mí, fue la carta de lectores de Gertrudis Sánchez al Director del periódico *El Lucero* para reclamar por qué el instigador al asesinato de su marido solo había sido condenado a una reducción de haberes, mientras que los ejecutores materiales serían ahorcados. Encontré esa carta por casualidad mientras hojeaba diarios y revistas de la época en busca de datos sobre la repercusión en Buenos Aires de la llegada de los ingleses a las islas. No conocía la existencia de esa carta y no podía creer lo que veía, dejé de respirar, literalmente. Me conmovió la valentía de hacer pública su deshonra para reclamar justicia por su marido y eso quise resaltar en la historia. El relato está estructurado siguiendo la carta y va hacia el pasado desde el momento en que su marido le cuenta que ha sido elegido para ocupar el lugar de Vernet en las islas. Lamentablemente no encontré más datos sobre ella después de esa carta.

En la ficción hay más libertad. Stephen King parte de situaciones, coloca en problemas a sus personajes y espera a ver cómo reaccionan. *Misery* nació de un sueño. La situación es la de un escritor famoso atrapado en una casa con una fanática. En otro libro, famoso por la película *El resplandor*, ubica a una familia en un hotel vacío y aislado; según King, la situación interesante se puede abrir camino con una pregunta en condicional: ¿y si el jefe de la familia empezara a enloquecer? Interesante método.

King escribe una determinada cantidad de palabras por día. Como escritor profesional escribe 2000, unas diez páginas, antes de levantarse de su silla. En tres meses son 180.000 palabras que para una novela está muy bien. El escritor no profesional, que por sobre todo tiene otras ocupaciones, sabrá cuál es su número. Una página a doble espacio se llena con más o menos 250 palabras. Creo en la disciplina, proponerse una determinada cantidad de palabras ayuda a crear un hábito.

Ya vimos cuánto, pero ¿dónde escribir y cuándo? Parece poco importante pero no lo es. King lo llama "cerrar la puerta". Aislarse, concentrarse, no distraerse con el teléfono, el WhatsApp, la tele, internet.

Si la casa está invadida por hijos, nietos, o amantes, hoy están los bares a los que en tiempos de Virginia Woolf, las mujeres no teníamos la posibilidad de acceder. En 1928, ella escribió *Un cuarto propio* que trata sobre la necesidad de tener un lugar para poder dedicarse a la literatura. En esta época, aun cuando parezca anacrónico, todavía hay mujeres, sobre todo mayores, que no respetan guardar un tiempo para ellas mismas y terminan prisioneras de sus nietos. Son las mismas que se piensan demasiado grandes para incorporar la tecnología a sus vidas, incluso un simple lector de libros. Por supuesto que para quienes crecimos con libros en papel, un mecanismo electrónico para leer es casi un insulto, pero cierto es que permite acceder a algunos autores extraordinarios que ya no se consiguen en papel. Síntesis: **escribir requiere disponer de tiempo** y de un lugar amigable para hacerlo.

Otro tema frecuente: **¿escribo a mano** o directamente en la PC? Recuerdo un libro muy antiguo de EUDEBA, antes de que aparecieran las PC, en el que escritores de policiales hablaban de su lugar de trabajo y de cómo escribían. Casi todos lo hacían a mano y después mecanografiaban lo escrito, para ellos ese era el momento de la corrección. Algunos mencionaban ciertas manías como tener los lápices con buena punta aunque escribieran a máquina. Mi querido amigo Félix Luna nunca dejó la máquina de escribir y necesitaba hacerlo en hojas con el membrete de la institución en la que había trabajado muchos años. Menudo problema tenía su hija Felicitas para conseguir las cintas de su máquina y esos papeles membretados. Su lugar de trabajo era una pequeña mesita con la máquina de escribir cerca de un rincón en la antesala de su oficina, de cara a una pared. Imposible olvidar esa misma mesita al lado del enorme escritorio que tenía como Secretario de Cultura de la Ciudad, también cara a la pared. Allí, en las horas del almuerzo, escribió parte de la extraordinaria obra literaria *Soy Roca*. Paul Auster es otro escritor que tampoco puede dejar su vieja máquina de escribir. De hecho escribió un breve libro titulado *La historia de mi máquina de escribir.*

Cualquiera sea el método de trabajo o el lugar, se puede seguir a Hemingway que dejaba de trabajar cuando sabía cómo continuarlo cuando regresara al texto. Lo cuenta en su libro autobiográfico *París era una fiesta* que narra su estadía en esa ciudad en los años 20. No sé quién lo dijo, pero para mí el mejor consejo es que cuando no se sabe cómo seguir, hay que obligarse a escribir una palabra más.

Una pregunta usual: ¿corrijo mientras escribo o espero llegar al final? Por supuesto hay quienes aplican ambos métodos. Yo prefiero avanzar y después corregir. Sí hago una corrección gruesa, pero el acabado fino lo realizo después de varias versiones o mejor dicho cuando considero que he llegado a la versión final.

Ejercicios 2

2.1. Buscar libros en la biblioteca y leer los inicios, incluso el inicio de los capítulos. Compararlos y responder por qué resultan atractivos.

2.2. Subrayar las frases cortas en un capítulo del libro de tu autor preferido.

2.3. Escribir un párrafo de 150 palabras que tenga sentido utilizando solo las que no contengan la letra "A".

2.4. Escribir carta/correo de 500 palabras a un amigo para contarle la historia que queremos escribir. Incluir en el texto por lo menos 10 palabras propias de la medicina. Por ejemplo: receta, remedio, hospital, médico.

2.5. Hacer un caligrama* relacionado con la historia que quiero contar.

2.6. Hacer un texto de 500 palabras acerca de mi desayuno que incluya las respuestas a las preguntas: ¿qué?, ¿cuándo?, ¿cómo?, ¿por qué?, ¿con quién? Si la consigna te parece banal, leer el poema *Desayuno,* de Jackes Prevert (está en la Web).

2.7. Hacer una lista de tus comidas preferidas, preguntarse por qué e investigar cómo se hace al menos una.

---

* El término caligrama, que procede del vocablo francés calligramme, refiere a un texto que, gracias a la organización de las letras, también se constituye como un dibujo.

Mi verdad, tu verdad, la verdad

No hay verdades absolutas. Siempre están abiertas
las puertas de las verdades individuales.
Raul Seixas

La verdad es una de las claves de un texto literario. Chejov dijo: "Nunca se debe mentir. El arte tiene esta grandeza particular: no tolera la mentira. Se puede mentir en el amor, en la política, en la medicina, se puede engañar a la gente e incluso a Dios, pero **en el arte no se puede mentir**", y Vargas Llosa dijo: "La sinceridad o insinceridad no es, en literatura, un asunto ético sino estético". La ficción exige verdad, la verdad profunda que está dentro de uno, pero cuando se trata de narrar hechos reales la verdad puede resultar un tema complicado.

Stephen King pone en boca de Devin Jones, unos de sus personajes, la siguiente frase: "En lo que concierne al pasado, todo el mundo escribe ficción". Desde cierto lugar se podría decir que es así porque la verdad absoluta es inasequible, sin embargo, decir que todo es ficción es simplificación de una cuestión que es central en un género que aspira a la verdad.

Ante cualquier situación que involucre a varias personas, todas la recordarán diferente y ni qué decir si hubo una situación de estrés. Con el paso del tiempo, cada vez que evocamos el pasado lo reconstruimos, lo editamos, porque volvemos al recuerdo no a los hechos. Imaginemos lo que puede suceder con la memoria familiar: Rosa Montero escribió algo sugestivo en su autobiografía "**los padres de mi hermana no son mis padres**". El comentario viene a cuento de que la versión de su hermana sobre la familia era completamente distinta a la suya. ¿Alguna mentía? No. Todos tenemos experiencia en las distintas visiones sobre la realidad familiar actual y mucho más sobre las distintas versiones del pasado, ¡y vividas bajo el mismo techo! Nuestras apreciaciones pasan por el tamiz de nuestras emociones, prejuicios, creencias y experiencias. Se podría decir que toda escritura autobiográfica navega en aguas poco transparentes porque, aun cuando se haya recurrido a la investigación para reconstruir un pasado del que no se ha sido testigo o se trate de los propios recuerdos de lo vivido, siempre hay una interpretación de los hechos. En una conferencia TED de Fabricio Ballarini, Investigador del CONICET, sobre la memoria, cita un párrafo imperdible de un libro del periodista de USA David Carr, *La Noche de la Pistola*.

> Un recuerdo puede adquirir cada vez más fuerza mediante la repetición, pero es el recuerdo que evocamos al hablar, no el hecho. Y las historias se templan cuando se relatan, se editan cada vez que se recuerdan, hasta que se convierten en poco más que quimeras. La gente recuerda más a menudo lo que puede soportar que lo que fue en realidad [...] Shakespeare define a la memoria como la carcelera del cerebro, pero también como su cortesana.

Por el título parece un policial pero no, es una autobiografía, aunque no es cualquier autobiografía porque para hacerla entrevistó a más de 70 personas ya que no confiaba en su memoria para reconstruir su propio pasado. No he podido conseguir el libro hasta ahora, pero he sabido por la Web que decidió investigarse a sí mismo entrevistando a novias, vendedores de drogas, compañeros de juergas y jefes, además de consultar informes policiales, médicos y hemerotecas. Antes de convertirse en prestigioso periodista del The New York Times, Donald Carr fue adicto al crack, alcohólico y maltratador hasta que un día llegó a apuntar con una pistola a su mejor amigo (en realidad no lo recuerda, tal vez su mejor amigo le apuntaba a él). Carr se recuperó y fue un columnista famoso por la honestidad de sus notas. Murió hace poco tiempo, a sus 58, en la redacción del diario.

Antes de esta digresión decía que toda escritura autobiográfica navega en aguas poco transparentes y que aun cuando se recurra a la investigación siempre se hace una interpretación y esto no quiere decir que no sea una reconstrucción sincera, el pasado que se reconstruye no tiene por qué coincidir con la verdad.

Entonces, **¿cuál es la realidad?: ¿la tuya?, ¿la que cree mi hermano?, ¿la que cuenta la abuela?** Alguien podría pensar si tiene sentido contar una historia que en definitiva no será la real. Sin entrar a discutir qué es lo real desde lo metafísico, la respuesta rotunda es sí, por la simple razón de que es la verdad para uno. Y sabremos que es nuestra verdad porque nos lo dirá nuestro cuerpo, nuestro corazón si sabemos escucharlo.

Si escribo la historia familiar ¿podría incluir otras versiones? Me parece atrayente. Salvo distintas miradas sobre algún hecho puntual no recuerdo haber leído alguna organizada a partir de las distintas versiones de sus integrantes. Pese a que no se trate de una familia, podría acercarse el libro *Verano,* de John Maxwell Coetzee en el que varios personas que lo conocieron dan su versión sobre el propio Coetzze.

"La vida imaginaria es tan real como la vida real", dice Rosa Montero en su ya mencionado libro *La loca de la casa* que tiene un enfoque creativo y juguetón acerca de cómo vemos nuestro pasado. Es una mezcla de ficción, ensayo y autobiografía a través de la cual desafía a descubrir las claves que determinan dónde termina la ficción y dónde empieza lo real.

En los años 70 del pasado siglo el francés Philippe Lejeune teorizó sobre lo autobiográfico* y desarrolló lo que llamó el **Pacto autobiográfico**, un acuerdo implícito entre autor y lector, y en virtud del cual el escritor que narra con nombre propio una historia de la que es protagonista, se propone ser veraz y fiel a sí mismo, en tanto que el lector confía en la credibilidad de lo que lee. Más adelante, Lejeune simplificó y redefinió su idea de pacto autobiográfico: «una autobiografía no es cuando alguien dice la verdad de su vida, sino cuando dice que la dice».

Entonces, a la hora de escribir, lo importante no es la verdad en sí misma sino **la intención de verdad.** Solo somos dueños de lo que creemos y el lector nos creerá lo que le contamos si estamos convencidos de que decimos la verdad.

▶ Increíble pero cierto

¿Qué pasa cuando un hecho de la realidad no parece verdadero? ¿Cuántas veces hemos escuchado "es increíble", "no parece real", "porque vos lo contás de lo contrario no lo creería"? El dueño de un bar le contó al escritor Héctor Tizón esta historia real pero inverosímil que inspiró uno de sus libros. Fue en una entrevista que le realizó Raquel Garzón para el diario Clarín:

> Hace mucho tiempo, venía un hombre y se sentaba
> a esa mesa que da a la calle. Pedía algo, leía el diario
> y se iba. A veces, me decía dos o tres palabras. Eso se

---

* Philippe Lejeune, el Pacto autobiográfico y otros estudios,1975 repitió durante años y yo siempre pensé que era una especie de vendedor, un viajante de comercio. Hasta que un día me llamó a la mesa y me dijo que me sentara, que quería decirme algo importante. Me senté. "Mirá, me dijo, tengo cáncer y los médicos piensan que no me quedan más de seis meses de vida. Pero no quería morirme sin decírtelo: yo soy tu padre". ¿Cómo se mete eso en un libro?, se preguntó Tizón. Nadie es capaz de hacer que el lector crea esa dosis de caballo de realismo porque no es verosímil y sin embargo es cierto.

Angélica Madariaga escribió el relato *Marina* para el volumen X del año 2015, de la *Colección Autobiografía, historia familiar y autoficción* sobre la historia de su hija. Ella narra que, embarazada por cuarta vez, rompió la Libreta de Familia porque descubrió que tenía una falla de imprenta: la hoja que debía decir "nacimiento" decía "defunción". La bebé nació, fue inscripta en la nueva libreta y al poco tiempo murió. Hace pocos meses arreglando cajones, Angélica encontró la libreta rota y me la trajo. Debo confesar que recién entonces le creí.

A unas amigas que hacían turismo en Barcelona les pasó algo increíble: se despidieron en el hotel porque una anticipaba su regreso a la Argentina; ese día, una en el aeropuerto por la mañana y la otra en un bar, por la tarde, se encontraron con el cantante del que eran fans, Serrat. Una le sacó una foto, la otra le pidió un autógrafo.

Y ¿cómo hacer verdadero algo que no lo parece? No hay fórmula. Habrá que pensar en cada caso cómo hacerlo verosímil.

▶ Mentir la verdad

Una cosa es tomar conciencia de narrar la propia verdad y otra distinta es mentir a conciencia. En el género autobiográfico **mentir no es sinónimo de ficción.** Mentir es solo mentirse a sí mismo. A veces es por culpa de lo que siente, otras es porque nos vencen los miedos. Olga L. leyó en el taller un relato sobre su nacimiento. Recreaba el nerviosismo vivido por sus padres en las horas previas al parto y más tarde la felicidad del padre al recibir la noticia del nacimiento. Sugerí a Olga que revisara la parte en la que relataba las horas posteriores al parto porque había un notorio cambio de tono, tal vez lo había escrito con apuro, pensé. Al finalizar el taller, Olga me aclaró que había relatado una mentira, su padre se había enojado mucho porque quería un varón y se había ido del hospital; cabe aclarar que en esa época no se sabía el sexo hasta el momento del nacimiento.

No profundizar, sobrevolar el texto, es otra forma de la mentira. Se pueden describir hechos con total verdad pero **esa verdad puede no tener alma**, dice Saramago. En la búsqueda de la propia verdad es cuando los hechos narrados cobran sentido.

La gran diferencia entre los géneros referenciales y la ficción es que en este último se trata de **saber mentir bien**, de hacer verosímil lo que se narra, de hacerle creer a los lectores que es posible **vomitar conejitos** como le ocurre al protagonista de *Carta a una señorita en París,* el segundo cuento del libro *Bestiario* de Julio Cortázar.

Cabe volver a mencionar que el compromiso de los autores con **la verdad**, escriban sobre hechos reales o ficticios, es el mismo.

Lo que no quiero contar

¿Qué hacer con lo que no deseo contar?, porque puedo lastimar, avergonzar a alguien que quiero o porque puede dañar mi imagen. "En la familia de nosotros hay secretos terribles. Yo mucho no puedo enterarme porque soy chica, porque son secretos y porque son terribles." Dice la voz de la niña Graciela Cabal en su autobiografía *Secretos de familia*. Y si no quiero mentir, ¿qué hago?, ¿omito? Amélie Nothomb, autora de varios libros autobiográficos, es clara al respecto. Dijo en una entrevista: "Mi pacto autobiográfico es que todo lo que digo es cierto, pero no lo digo todo": Yo pienso que todo **lo que no esconda la oscura intención de dañar** puede ser dicho, pero es necesario trabajar mucho hasta encontrar la manera de escribirlo.

Los autobiógrafos siempre tendrán la tensión de qué puedan pensar quienes de una manera u otra están involucrados. Fernández Díaz en *Mamá* devela secretos familiares, pero le preocupaba sobre todo el juicio de su padre. En una charla sobre el libro contó que le temblaban las piernas mientras esperaba que terminara con la lectura. Respiró aliviado cuando solo le objetó que lo mostraba como un mal hombre de negocios. Por eso se debe escribir pensando que no será leído por nadie más que por quien escribe, después se tendrá tiempo de evaluar qué hacer. Se puede pedir el permiso del nombrado, se puede disfrazar, se puede borrar. Pero no censurarse antes de escribir. Si uno tiene miedo de que sea leído se pueden poner claves en los archivos de la PC para que nadie acceda a ellos. Otros miedos se disipan dialogando en un borrador con los posibles censores o describiendo lo que se imagina que sentirían.

Irina N. no quería incluir en su autobiografía la historia de la relación con su hermano menor porque estaba teñida de situaciones poco gratas de dinero y deslealtades, pero la escribió a mi pedido como ejercicio de taller. El resultado fue que hacerlo le permitió recuperar los buenos momentos vividos que estaban sepultados por los malos. No sé si incorporará en su libro ese texto tal como lo leyó en el taller o si lo reescribirá, pero de hacerlo será bien diferente del que escribiría de no haber hecho ese ejercicio.

A veces, para el autor que se inicia, los secretos poseen una carga emocional que los hechos en sí mismo no tienen, ya sea por cambios culturales o por el simple paso del tiempo. El trabajo es despojarse de toda carga al momento de escribir, lograr una distancia que permita objetivar los hechos que se observan y encontrar el sentido que tiene reproducirlos desde una perspectiva sabia y honesta.

"Todas las familias guardan secretos y todos guardamos secretos", dijo William Somerset Maugham, el escritor inglés más popular, mejor pagado de los años 30, quien nunca se atrevió a develar su homosexualidad y sufrió a lo largo de toda la vida. Lo que uno esconde de sí mismo, lo que nos avergüenza revelar es el verdadero problema a la hora de escribir la propia historia. El autobiógrafo no puede esconderse detrás de sus personajes como hacen quienes escriben ficción, tiene que **verse cara a cara con sus demonios**, además de tener que lidiar con los problemas que le trae la escritura en sí. Sentirá dolor, autocompasión, odio y muchos otros sentimientos encontrados, pero la escritura que vale la pena leer es aquella en la que el autor se arriesga a desnudar todo.

En los famosos, las omisiones o falsificaciones casi siempre son descubiertas por algún biógrafo. Kipling llamó a ese hurgar en el pasado de un hombre público "el más alto canibalismo" y Henry James dijo que los biógrafos eran "explotadores *post mortem*". Por ellos sabemos de la homosexualidad de Somerset Maugham o que Arthur Miller en *Vueltas al tiempo* prácticamente omite a su primera mujer, tal vez para no molestar a la segunda y que Doris Lessing omitió que era "polígama y amoral" como ella se describe en una carta recientemente publicada. Se puede apreciar que un escritor profesional no es necesariamente un autobiógrafo sincero.

A veces, el secreto de familia puede disparar una historia como *Nada se opone a la noche*. Eso sí, hay que tener coraje. Mientras escribo, acaba de publicarse un nuevo libro de Delplhine De Vigan, *Basado en hechos reales,* en el que explora los límites de lo real y el impacto, tanto personal como familiar, que le provocó escribir la historia de su madre. Se trata de un libro que navega en las aguas de la autoficción. Brillante y creativo.

A veces hay historias que necesitan tiempo para abordarse porque no entendemos qué nos pasa y mucho menos podemos imaginar un final, lo que no quita que intentemos escribir borradores como manera de **explorar nuestros sentimientos enmarañados**. Para muchos la escritura es una manera de exploración, de búsqueda, también de exorcizar demonios.

Si se ha decidido ocultar o secretamente se tiene la intención de mentir, sugiero pasar a la ficción pura como la novela, incluso a otras formas de las narrativas del yo, como la novela autobiográfica o la autoficción en todas sus variantes, así se podrían cambiar los nombres de los coprotagonistas, deformar hechos, modificar escenarios... y hasta inventar grandes hazañas.

Libros

El tiempo de una vida de Juan José Sebreli

Elegí *El tiempo de una vida* para este momento porque es uno de los mejores que he leído dentro del género autobiográfico. Valiente, honesto, generoso, bien escrito. Es uno de esos libros que no se quiere terminar. Me interesaba todo. Lo que cuenta de sí mismo y del tiempo que le toca vivir, las crónicas costumbristas, su mirada sobre Buenos Aires, el barrio y las casas que habitó y sobre todo sus reflexiones acerca de la sociedad, la sexualidad, el amor, la muerte, el escribir.

Destaco la generosidad de compartir la historia de su pensamiento. Hace honor a la cita del filósofo inglés R.G. Collingwood: la autobiografía de un hombre cuyo oficio es pensar debería ser la historia de su pensamiento. Y también no rehuir los dos grandes temas tabú de la autobiografía: el sexo y el dinero. Es evidente que no puedo disimular mi entusiasmo por este libro y mi admiración por el autor. Además Sebreli, como dice la contraportada de su libro, sabe qué hacer con la materia autobiográfica. Las consideraciones que sobre el género realiza en el prólogo son perfectas. Un fragmento:

> Es frecuente confundir la autobiografía con las memorias; las dos tienen puntos en común en cuanto

refieren las relaciones entre el individuo y la sociedad y se diferencian por el rasgo que predomina en cada una de ellas. La primera está teñida por lo individual, lo íntimo, de ahí su impronta novelesca. Este carácter introspectivo inclina la preferencia por ellas de los hombres de letras y artistas, quienes buscan en sus recuerdos la confesión o la confidencia de sus sentimientos recónditos. En las memorias prevalece lo social, los acontecimientos históricos rigen el relato, y obligan al discurso ensayístico más que al novelesco; recurren a ellas personajes públicos, en la necesidad de justificar su participación en los grandes sucesos.

Ambos géneros tienen sus peligros: el de las memorias, caer en una generalización histórica olvidando que el propósito es hablar de sí mismo. La tentación de la autobiografía, por el contrario, es abundar en minucias privadas carentes de toda significación, salvo para quien las cuenta y, en cambio, eludir el contexto histórico.

[...] Reivindico ese género híbrido, mestizo, indefinido, como el más adecuado para captar la realidad humana que es, a la vez, individual y social, interior y exterior, subjetiva y objetiva, singular y universal.

Narrado en primera persona *El tiempo de una vida* está dividido en tres partes: "El paraíso perdido que nunca existió", "La novela de la formación", "La Edad de la razón" que se corresponden con la infancia, la juventud y la madurez del autor. Cada parte se divide en capítulos, también con títulos, algunos sumamente atractivos como "Interludio en la vereda", "Contorno", "Las desventuras del pensamiento", "Lo que resta del día", "El amor es un eterno vagabundo".

Es un libro para subrayar como, por ejemplo, estos párrafos de los primeros capítulos:

No elegí mi época, mi país, mi lengua, mi ciudad, mi clase social, mi familia ni mi cuerpo; éstos me han sido impuestos, conforman la buena o mala suerte que he tenido en la trama del mundo.

Antes de mis abuelos se extiende la noche de los siglos, poblada de sombras, de hombres sin nombre ni rostro, sin biografía, sin trascendencia.

El sentimiento de identidad y continuidad personal depende, en parte, de la permanencia de los lugares donde vivimos.

Liberado del dogmatismo, he tratado de no caer en el error simétricamente opuesto del esceptisismo; la disolución del sueño de lo absoluto no significó adherir al relativismo.

Todo hombre es hijo de sus actos.

Nunca me enamoré, lo admito, soy demasiado racionalista y valoro mucho mi autonomía como para abandonarme al extasis amoroso [...] ese perderse uno mismo para abandonarse en el otro.

Tengo derecho a llamarme de izquierda porque deseo una mejor distribución de la riqueza, el acortamiento de la distancia entre pobres y ricos. Pero al mismo tiempo coincido con los liberales —y también con un Marx olvidado por los marxistas—en la imposibilidad de distribuir riquezas sin antes crearlas, en la prioridad del crecimiento económico, la necesidad de una base económica próspera para lograr aun el más modesto Estado de bienestar.

Sebreli es un pensador original que abre puertas, derrumba paredes, sacude el polvo que se acumula en el pensamiento. Leí sus primeros libros a mediados de los 70 cuando me mudé a Buenos Aires y desde entonces lo leo porque me ayuda a pensar. Lo conocí en el 81 cuando, como él dice en su libro, era "un outsider, a medias aceptado y a medias marginado". Fue para pedir su colaboración para la revista que yo dirigía. Ya entonces hablaba del populismo de los argentinos. Recuerdo un escritorio lleno de libros y su trato áspero que entonces no supe descifrar y me coartó. Yo también era tímida.

Ejercicios 3

3.1. Escribir tres anécdotas en primera persona: dos reales y una inventada, leérselas a un amigo y pedirle que adivine cuáles son las verdaderas y cuál la falsa.

3.2. Leer *El Cuaderno rojo* de Paul Auster (está en la Web) y escribir una historia, vivida o que nos hayan contado, que no parezca real.

3.3. Responder las siguientes preguntas:

¿Qué se ocultaba en la familia?

¿Cómo reaccionaría la familia si se hiciera público?

¿Todos reaccionarían igual?

¿Tendría que pedir permiso para contar determinadas historias?

¿Cómo me siento respecto de eso que se oculta?

3.4. Escribir solo para mí la historia que tengo miedo de contar.

3.5. Imaginar un diálogo con quienes pienso que se molestarían y si es posible hacerlo por escrito.

3.6. Hacer una lista de los objetos que llevo en la cartera o los que hay en mi mesita de luz o en el primer cajón del escritorio. Elegir uno y contar la historia.

▶ Qué recuerdo cuando recuerdo

> No hay ninguna diferencia entre soñar y recordar.
> Jorge Luis Borges

> La imaginación no es más que una memoria evocadora.
> Antoine Albalat

> El recuerdo actúa como un lente convergente en una cámara oscura: concentra todo, y la imagen que resulta es mucho más hermosa que la original.
> Umberto Eco

Hemos visto al tratar el concepto de la verdad en la literatura que la memoria deforma y transforma, que el mismo hecho se cuenta distinto a medida que pasan los años porque recordamos algo nuevo, olvidamos partes, agregamos más de lo que antes sabíamos. **La memoria juega con los recuerdos,** los deshace y los asocia con otros o con la fantasía de lo que pudo haber sido y no fue. La memoria tiene la particularidad de guardar hechos insignificantes y a veces de retener algo que se convierte en una obsesión. Cada recuerdo es como **un colador** porque lo que nos queda es incompleto y confuso. Muchos no son más que restos de olores, colores y sabores, todos imprecisos

Esta materia informe es con la que debemos trabajar, pero demos gracias por tener memoria porque gracias a ella somos. Lo curioso es que a algunas personas recordar les causa dolor, a otras les trae felicidad y están aquellas a las cuales les provoca los dos sentimientos al mismo tiempo.

Nuestra identidad es nuestra memoria, por eso es una tragedia cuando la perdemos. Umberto Eco, en su libro de ficción *La misteriosa Llama de la Reina Loana*, relata cómo la memoria nos modela a través de un personaje que ha perdido en un accidente la memoria ligada a las emociones y debe reconstruirla. El protagonista, un librero, intenta recuperarla a través de sus libros escolares, de fotos familiares y de revistas, periódicos, poemas, novelas, carteles que debió leer mientras crecía, así como a través de sus juguetes y viejos artefactos conservados intactos en el interminable ático de la casa familiar. Y qué decir de la conmovedora novela *Siempre Alice* de Lisa Genova, la historia de una experta lingüista de fama mundial a la que le diagnostican Alzheimer precoz a los 53 años.

A pesar del horror que nos provocan los primeros pequeños olvidos cuando pasamos la mediana edad, también demos gracias a que podemos olvidar porque solo así tenemos vida. El personaje del cuento *Funes, el memorioso,* de Borges, da cuenta de que la buena salud de la memoria depende en gran medida del olvido. Los griegos tenían la laguna Estigia, surcada por el Leteo, el río del olvido; beber de su agua permitía olvidar y volver a empezar.

¿Alcanza solo la memoria para escribir sobre el pasado? "Imagino para recordar y recuerdo para imaginar", dijo Carlos Fuentes. Al narrar hechos de nuestro pasado oscilamos entre la imaginación y la memoria, y solemos confiar más en una que en otra cuando no pueden existir por separado. La memoria almacena mientras que la imaginación recrea. Son las dos funciones más importantes de la mente, la base del pensamiento. La **imaginación es un buen recurso para llenar los huecos de la memoria** y el resultado se parecerá bastante a la realidad; también es necesaria para la ficcionalización cuando se escriben autobiografías o biografías noveladas.

Cuenta Hayley sobre *Raíces:*

Busqué pasaje en el primer barco de carga que partiera de cualquier puerto africano directamente a los Estados Unidos, esperando que me ayudaría a describir el cruce de mi antepasado. Cuando ya navegábamos, después de la una, todas las noches, bajaba hasta la bodega, oscura y fría. Me quedaba en ropa interior, me acostaba de espaldas sobre una plancha dura de madera y permanecía allí toda la noche. Lo hice durante las diez noches de la travesía, tratando de imaginar lo que Kunta había visto, oído, sentido, olido, gustado, y sobre todo, lo que habría pensado.

Si en nuestra historia se aporta información sobre la realidad exterior, esta debe verificarse tal como se hace con un texto científico o histórico. En ese sentido, así como no se puede prescindir del diccionario cuando se escribe, tampoco se puede prescindir de la investigación. *Mar de olvido* de Rubén Tizziani trata de una conmovedora historia de inmigrantes, que se remonta a fines del siglo XIX, escrita con imaginación y, sin duda, también con investigación. Faulkner decía que "un escritor necesita tres cosas: experiencia, observación e imaginación. Cualesquiera dos de ellas, y a veces una puede suplir la falta de las otras dos [...] La inspiración no sé si es importante porque nunca la he visto".

Cuando los recuerdos han desaparecido o se perdieron las pistas de la historia familiar, gracias a la imaginación y también a los recursos de la novela tenemos la posibilidad de reconstruirlos. Así Matilde D. podría escribir la historia de sus abuelos que no tuvo oportunidad de conocer y Juana P. podría inventar la infancia que habría deseado vivir si sus padres no hubieran muerto. Doris Leessing lo hizo. A los 90 años escribió *Alfred y Emily*, una historia, mezcla de autobiografía y ficción, que inventa un pasado que nunca existió. Imaginó el pasado que hubieran vivido sus padres si la Primera Guerra

Mundial no hubiese ocurrido.

Ojalá que este libro de Doris Leessing, que escribió a los 90 años como un regalo homenaje para sus padres, permita recordar que nuestros sueños, deseos y fantasías son parte de nuestra realidad y que de ninguna manera deberíamos excluirlos al contar nuestra historia.

▶ Bucear en el pasado

Marguerite Yourcenar es una de las grandes de la literatura. *Memorias de Adriano* fue un libro que me deslumbró y, sin duda, colaboró la traducción de un escritor del nivel de Julio Cortázar. Se trata de la vida de un emperador de Roma del siglo II d.C., en otras palabras es una biografía, pero escrito como una autobiografía porque utiliza el recurso de la carta (segunda persona) para hacer una retrospectiva de su vida.

Marguerite fue una extraordinaria investigadora y esto unido a una educación privilegiada hizo que la calidad de la reconstrucción histórica fuera tal que *Memorias de Adriano* se utiliza como libro de estudio en universidades; incluso al final del libro tiene unas notas en las que explica cómo lo escribió y cómo infirió determinados hechos que no pudo corroborar. Hacerlo le llevó más de 40 años. Empezó los primeros esbozos a los 20, pero consideró que no tenía la madurez necesaria para comprender los asuntos de la vida.

Acerca de su método de trabajo para reconstruir la vida de Adriano, escribió en sus cuadernos:

> Aprenderlo todo, informarse de todo y, simultánea-mente, adaptar a nuestro fin los ejercicios de San Ignacio de Loyola o el método del asceta hindú que se esfuerza, a lo largo de años, en visualizar con un poco más de

exactitud la imagen que construye en su imaginación. Rastrear a través de millares de fichas la actualidad de los hechos; tratar de reintegrar a esos rostros de piedra su movilidad, su flexibilidad viviente". "[...] es necesario intentar la lectura de un texto del siglo II con el alma y los sentimientos del siglo II.

Pero lo más extraordinario de Yourcenar es que, más allá de su calidad como escritora e investigadora, en cada página de su libro se aprende algo o provoca reflexiones sobre la vida y todo con un **estilo poético** y una escritura compacta que Cortázar supo reflejar.

De la complejidad de recrear una vida, sea propia o ajena, nos habla ni bien comienza su propia autobiografía/historia de familia: *El laberinto del mundo:*

> Aquella criatura del sexo femenino, ya apresada entre las coordenadas de la era cristiana y de la Europa del siglo XX, aquel pedacito de carne color de rosa que lloraba dentro de una cuna azul, me obliga a plantearme una serie de preguntas tanto más temibles cuanto que parecen banales y que un literato que conoce su oficio se guarda muy bien de formularlas. Que esa niña sea yo, no puedo dudarlo sin dudar de todo. No obstante, para vencer en parte el sentimiento de irrealidad que me produce esta identificación, me veo obligada, como lo estaría con un personaje histórico que hubiera intentado recrear, a aferrarme a unos retazos de recuerdos obtenidos de segunda o décima mano, a informaciones extraídas de fragmentos de cartas o de las hojas de algún cuadernillo que olvidaron tirar a la papelera y que nuestra avidez por saber exprime más allá de lo que pueden dar; o acudir a las alcaldías y notarías para compulsar unas piezas auténticas, cuya jerga administrativa y legal elimina todo contenido humano. [...] vago como las anécdotas que se transmiten en familia, corroído por lo que, entretanto, se ha ido acumulando dentro de nosotros, como una piedra por el líquen o el metal por el orín. Estos fragmentos de

hechos que creo conocer son, sin embargo, entre aquella niña y yo, la única pasarela transitable; son asimismo el único salvavidas que nos sostiene a ambas sobre el mar del tiempo.

Esta cita de Yourcenar (tampoco puedo disimular mi entusiasmo por esta escritora) tiene la finalidad de mostrar un horizonte con el fin de resaltar la importancia de confrontar lo que imaginamos del pasado y también lo importante de apelar a la sensibilidad para comprender lo humano. Estar atento. Por lo general, cuando algo no nos deja del todo satisfechos se siente un run run interior que molesta, pues bueno, es necesario amplificar ese ruido porque algo está indicando.

El vocabulario, las costumbres, en definitiva, la identidad varía según la época y el lugar en que transcurrió la vida de los protagonistas. Nuestro yo de hoy es distinto de nuestro yo adolescente –hay quienes lo llevan al extremo y dicen que el yo de ahora es distinto al del día de ayer–, hoy sabemos cosas que antes no sabíamos, hablamos y pensamos distinto, **comemos y vestimos diferente**. Me viene a la memoria un relato de alrededor del 1900 en la que una mujer, bisabuela de una integrante del taller, se pintaba con un lápiz labial cuando en esa época no existían, y en otro, una tragedia infantil ocurrida en una laguna, se fijó en la memoria familiar en los años 60, vaya a saber por qué, cuando esa laguna se había secado 10 años antes.

En este tiempo contamos con la **gran ventaja de la Web** y estamos a un click de encontrar información, solo hay que ser cuidadosos al seleccionar las fuentes, interpretar los datos y reconocer los intereses que están en juego. Y a pesar de nuestro empeño debemos ser conscientes de que nuestras reconstrucciones estarán plagadas de errores, a veces grandes, otras pequeños. El resultado, además, será en gran parte lo que surja de un proceso de negociación entre lo que pudo ser de acuerdo a los indicios que encontramos, las presiones sociales sobre lo que debió ser y lo que deseamos que hubiera sido.

En el inicio de este libro hablamos de que una manera de comenzar es hacer una lista arbitraria de nombres, temas y hechos que queremos contar. Bueno, al fin llega el momento de darle un primer orden. Es útil identificar el período que comprende nuestra historia, los países y ciudades en donde trascurre, así como distinguir hechos históricos relevantes. También ayuda enumerar las personas que intervienen, listar hechos que pretendemos narrar y después organizar la información en tiempo y espacio, para lo cual sirven los cuadros de doble entrada. Es ventajoso establecer jerarquías, distinguir aquello que guarda alguna particularidad y, en paralelo, diferenciar los datos que requieren ser confrontados o investigados con más profundidad.

¿Cómo organizar la información que vamos reuniendo y que será la **materia prima de nuestra obra**? Se pueden usar las clásicas carpetas de papel o las virtuales de la PC. Llevar fichas puede ser un complemento sumamente útil para el trabajo. Ronald Barthes las hacía cuando preparaba un libro. Era famoso por eso. Tenía la costumbre de tomar un folio normal, partirlo en cuatro y tener esos papeles en su mesa de trabajo para tomar notas o para escribirse a sí mismo. Hizo cerca de 13.000. Algunas fichas fueron publicadas *post mortem* como las que reúne un viaje a la China maoísta en 1974 o las que escribió periódicamente después de la muerte de la madre (*Diario de duelo*) y que tenían como destino una obra que truncó el accidente que lo mató.

Un hecho puede no ser comprobable, por ejemplo, una persona que nació en un lugar del que no hay registros porque fueron destruidos durante alguna guerra. También puede ocurrir que en la familia haya distintas versiones acerca de una situación. En tal caso, se lo infiere por distintos indicios que surjan en la investigación o se deja constancia de las dudas, de lo que no se pudo constatar. Hay muchas maneras de hacerlo: como parte de la narración o con notas al pie, en un anexo.

Georges Perec, considerado "de culto" en su país, en su libro *W o el recuerdo de la infancia* utiliza textos escritos en distintos momentos de su vida y en lugar de reescribirlos con la nueva información de que dispuso con los años, lo que hizo fue dejarlos como estaban y agregar notas. En algunos capítulos las notas llegan a 30, en las que incluye nueva información que cambia o amplía el hecho narrado con antelación, a veces, simplemente se trata de la diferencia en la percepción de los hechos. Aquí cito una de las notas que me llamó la atención porque alude a una **fotografía de su padre** y a cómo cambió su mirada sobre la misma con el paso del tiempo.

Dice el texto cuyo contenido enumeró para facilitar el uso de las notas:

> 1. En la foto, el padre con actitud de padre. Es alto. Lleva la cabeza descubierta y su gorro de cuartel en la mano. Su capote le llega hasta muy abajo. Se ajusta a su talle por uno de esos cinturones de cuero grueso que se parecen a las correas de las ventanas en los vagones de tercera clase. Se adivinan, entre los zapatones limpios de polvo —es domingo— y los bajos

del capote, las interminables bandas que le cubren las pantorrillas. [...]

Y la nota al pie:

1. No precisamente el capote de mi padre cae hasta muy abajo: le llega hasta las rodillas. Además, los faldones le llegan hasta medio muslo. No se puede decir, entonces, que se «adivinan» las bandas de las piernas; se las ve enteramente y se descubre gran parte del pantalón.

En este punto acerca de la importancia de buscar información quiero volver a citar *Raíces* porque con el resultado de su pesquisa aconteció algo poco usual. Ya mencioné que en los últimos capítulos el autor cuenta en primera persona el recorrido realizado para reconstruir la historia familiar. La tarea le demandó 12 años de investigación. En esos capítulos habla de las entrevistas, los viajes, la búsqueda de documentos, también de la emoción al encontrarlos y hasta de la manera de evocar el sufrimiento de su primer ancestro en América. Pero lo más extraordinario es la afirmación acerca de que no encontró diferencias entre lo investigado en África y Estados Unidos con lo que había escuchado en la familia. No es lo común. Ocurrió porque se trataba de una cultura con larga tradición en la transmisión oral de la historia. Es emocionante cuando el autor descubre la aldea de su ancestro y conoce a los *griots*, hombres muy viejos que son **archivos vivientes de la historia oral**. Gracias a ellos la tradición y la historia se transmiten de generación en generación, además se ocupan de aprender y cantar las canciones tradicionales. Algunos *griots* legendarios eran capaces de narrar historias antiquísimas de las aldeas, clanes y familias durante tres días enteros sin repetirse nunca.

Hayley dice:

> Todo lo referido a mi ascendencia proviene de la historia oral cuidadosamente preservada por mi familia y que he logrado corroborar en documentos. Esos documentos, y los innumerables detalles de los modos de vida, la historia cultural, etc., provienen de años de intensas investigaciones en más de cincuenta bibliotecas, archivos y otros depósitos de tres continentes. Como yo no existía cuando ocurrió la mayor parte de mi historia, los diálogos y los acontecimientos son una amalgama novelada de lo que sé que tuvo lugar, y de lo que, según mis investigaciones, siento que tuvo lugar.

Libros

Alfred y Emily, de Doris Lessing

"En sus novelas, todo parece autobiográfico...", dice el periodista José Antonio Gurpegui y la escritora responde: "Todos los escritores se sienten un tanto malhumorados cuando se dice algo así. Todo es autobiográfico y así debe ser, pero nada lo es".*

Doris Lessing, escritora británica, ganadora del Premio Nobel de Literatura en 2007, escribió dos libros autobiográficos. *Bajo mi piel* habla de su familia –un padre enfermo y vencido, una madre dominante, un hermano preferido por los padres–, de la sociedad colonial de Rodesia del Sur, hoy Zimbabue, y de un casamiento convencional y *Caminando entre las sombras* cuenta su llegada a Londres en 1949 huyendo de la familia, de África y de su forma de vida en ese lugar. También es autora de un ensayo titulado *Escribiendo autobiografía*. Tenía 90 años cuando publicó *Alfred y Emily*, un libro muy original en el que mezcla la autobiografía y la ficción porque le inventa un pasado a sus padres.

¡Grande el poder de la literatura que permite reinventar el pasado utilizando la imaginación!" Si ahora pudiera conocer a

---

* Revista El Cultural, entrevista de José Antonio Gurpegui | 09/05/2001

Alfred y Emily sin la pesadilla de la guerra, creo que estarían contentos con lo que he imaginado para ellos", dijo Lessing. La novela tuvo por finalidad rendir un homenaje a los padres imaginándoles la vida que habrían tenido si no hubiera existido el hecho que les quebró el porvenir: la Primera Guerra Mundial. Brevemente: el verdadero amor de Emily no hubiera muerto en la guerra, a Alfred no le hubieran amputado una pierna y los dos no hubieran perdido la vida acomodada que llevaban en Persia. Nunca hubieran ido a África en busca de fortuna.

Alfred y Emily está precedido por un prólogo en el que la autora explicita la intención del libro y termina refriéndose al impacto de la guerra en su vida:

> Esa guerra, la Gran Guerra, la guerra que acabaría con todas las guerras, se instaló en mi niñez. Para mí, las trincheras estaban tan presentes como cualquier otra realidad visible. Y aquí sigo, intentando descargarme del peso de ese monstruoso legado, intentando liberarme de él.
> Podría haber conocido a Alfred Tayler y a Emily McVeagh en la actualidad, tal como los he descrito, tal como podrían haber sido de no haber estallado la Gran Guerra. Espero que habrían aprobado las vidas que he imaginado para ellos.

Tiene dos partes e incluye fotos de los protagonistas jóvenes y de la familia en África y de la granja donde vivieron. La primera parte titulada "Alfred y Emily, novela corta" cuenta la historia que los padres pudieron haber tenido y no fue en cinco capítulos. Empieza narrado por la autora en una primera persona que desaparece en el segundo párrafo para dar lugar a una tercera omnisciente (este concepto se verá más adelante). El recurso más utilizado en los primeros cuatro capítulos es el diálogo. En el quinto capítulo reaparece la primera persona para explicar cómo y en quién se inspiró para escribir la historia fantaseada de sus padres. Los capítulos llevan títulos: "1902", "Agosto de 1905", "Agosto de 1907", "Los años dorados", "Explicación". La novela transcurre en un pueblo pacífico cerca de Londres. Un mundo pequeño y bucólico de hombres y mujeres jóvenes que buscan casarse: té a las cinco de la tarde, juego de pelotas entre amigos, tertulias, coqueteos sin importancia. En la novela Alfred y Emily no se casarán.

La segunda parte narra la vida real de los padres, se titula "Alfred y Emily, dos vidas". Comienza con un epígrafe del libro *El amante de Lady Chatterley,* de David Herbert Lawrence, acerca de las heridas del alma. Está narrado en primera persona por la autora y dividido en nueve capítulos con títulos: "Un grupo de mujeres informal y ocasional", "La enfermera McVeagh", "Insectos", "El viejo árbol mawonga", "Provisiones", "Provisiones en la ciudad", "Mi hermano", "Harry Tyler", "La fuga de la granja" y "Problemas con el servicio".

Los capítulos están precedidos por una introducción en la que presenta de manera descarnada a los protagonistas. Se describe en detalle la prótesis que usaba el padre, sus dolores físicos y cómo fue cayendo en la depresión, posiblemente, piensa la autora, consecuencia de estrés postraumático nunca tratado. Tuvo diabetes y murió a los 62 años muy avejentado.

De su madre refiere el cambio abrupto que sufrió en África. Pasó de ser una mujer enérgica y valiente a otra que se compadecía de sí misma. Con los años se transformó en una mujer grosera y dominante que invadía la casa de su hija, ya casada, y cambiaba los muebles de lugar, tiraba la ropa que no le gustaba y daba órdenes a las personas del servicio doméstico.

La depresión llevó a Emily a no levantarse de la cama casi por un año. Escribe Lessing:

> Se levantó, y no puedo ni imaginar cuanto debió costarle. Estaba despidiéndose de todo cuanto había esperado de la vida en esa colonia, que debió haber sido parecido a Happy Valley de Kenia (aunque si hubiera vivido realmente en esa zona colonial habría acabado asqueada). En el baúl oculto tras la cortina confeccionada con el saco de Liberty estaban los vestidos de noche, los guantes, las plumas, los sombreros. En una cartera olvidada en algún rincón se encontraban las tarjetas de visita que había diseñado especialmente para esa vida.

La segunda parte trascurre mayormente en la precariedad de una granja en Rodesia del Sur, de barro, sin pisos y con techo de paja, que la madre intentó por todos los medios transformar en un lugar acogedor con las alfombras, manteles y cortinas que había traído de Persia. Lessing que no entendía por qué su madre detestaba ese lugar. Solo cuando la autora llegó a la adolescencia se dio cuenta de cómo era realmente la casa en la que vivían. La vio con los ojos de su madre y entonces la comprendió. Escribió esta interesante observación: "Una niña no ve más de lo que puede entender."

Ejercicios 4

4.1. Ir hasta el lugar donde está tu casa de la infancia o mirar fotos de ella. Si no es posible, cerrá los ojos y recordá. Imaginá que estás entrando... ¿Qué ves?, ¿qué olores aparecen? Caminá hasta tu lugar preferido. ¿Qué sentís? ¿Podrías dibujar un plano simple de la casa? ¿Hay algo en tu casa actual que te recuerde esa casa? ¿Cómo fue la mudanza?

4.2. Elegir cinco objetos de nuestro hogar y contar su historia. Intentar, por lo menos en un texto, hacerlo de manera que solo se sepa qué objeto es al llegar al final del texto.

4.3. Elegir una de las ciudades donde vivió algun ancestro, y que no conozcas. Investigar y describirla como si estuvieras allí.

4.4. Hacer una lista de personas que quisieras entrevistar.

4.5. Elegir una fecha clave de tu historia, por ejemplo, el día de tu nacimiento: averiguar qué día de la semana era, cómo estaba el clima, qué pasó ese día en la ciudad, en el país, en el mundo.

4.6. Seleccionar una anécdota familiar en la que participaron por lo menos dos personas. Describir el escenario, los protagonistas e imaginar un diálogo.

4.7. Hacer una lista de los juegos y juguetes de la infancia. Investigar los de tus padres y abuelos. Si no estuvieran vivos investigar en la Web los juegos y juguetes de la época.

▶ Entrevistas

Las entrevistas a familiares son una buena fuente de datos. Por lo común es necesario hacer varias, sobre todo si se trata de personas mayores. Los recuerdos pueden llegar horas o días después de la entrevista; conviene no hacerlas grupales por las diferentes visiones sobre determinados hechos. Le pasó a Gabriel García Márquez cuando entrevistó a sus padres para escribir *El amor en los tiempos del cólera,* una historia de amor que debe sobreponerse al inflexible coronel Nicolás Márquez que no quiere ese candidato para su hija. Después de entrevistar juntos a sus padres tuvo que seguir por separado porque no se ponían de acuerdo en lo que contaban.

Los **prejuicios del entrevistador** por temor a violentar al entrevistado suelen complicar el resultado, también cuando quiere introducir sus propios recuerdos. Mi recomendación es preparar la entrevista, crear una situación de confianza, no interrumpir, tener la perspicacia de seguir el pensamiento del entrevistado pero sin perder de vista el objetivo. De esta manera, suele surgir información valiosa que no habíamos previsto. Se debe tomar nota y preguntar después. Respecto de cómo empezar no existe una pregunta inicial modelo, lo conveniente es hacerlo con conversación cotidiana y demostrar que se escucha con interés.

El secreto de la entrevista está en lograr el clima, la confianza, para que el entrevistado pueda entrar en su interior y alejarse de lo que imagina que quiere escuchar el entrevistador. Svetlana Alexiévich, autora de libros de entrevistas, escribió acerca de las que realizó para el libro *La guerra no tiene rostro de mujer.*

Paso largas jornadas en una casa o en un piso desconocidos, a veces son varios días. Tomamos el té, nos probamos blusas nuevas, hablamos sobre cortes de pelo y recetas de cocina. Miramos fotos de los nietos. Y entonces... Siempre transcurre un tiempo (uno nunca sabe ni cuánto tiempo ni por qué) y de repente surge el esperado momento en que la persona se aleja del canon, fraguado de yeso o de hormigón armado, igual que nuestros monumentos, y se vuelve hacia su interior. Deja de recordar la guerra para recordar su juventud. Un fragmento de su vida... Hay que atrapar ese momento

Si la entrevista no se pudiera hacer en persona queda el recurso del teléfono o el correo. También se puede involucrar a los familiares en el avance de la historia. Eso casi siempre los convierte en colaboradores activos en la búsqueda de información.

En la página http://www.discovernikkei.org/es/howto/ interviews/ se explica de manera sencilla algunos pasos para hacer entrevistas. En relación a la entrevista autobiográfica narrativa sugiero leer a Michael Appel:

http://www.ssoar.info/ssoar/handle/document/9182.

Mamá le llevó a Jorge Fernández Díaz **50 horas de entrevista** solo a su madre, la misma cantidad de horas que le llevó a Irene Hinz[*] entrevistar a su madre para escribir *Antes de mí*, a pesar de que muchas de esas historias las conocía porque las escuchaba desde niña.

En la Web hay modelos de entrevistas que pueden ayudar a pensar la propia. El Cuestionario Proust es muy popular. Se hacía como un juego en las reuniones sociales en el siglo XIX y se lo consideraba como una manera sencilla de acercarse al

---

[*] Irene Hinz integra el Colectivo de autores de autobiografía, historia familiar y autoficción, coordinado por Virginia Haurie, fue creado en el año 2008.

alma de una persona. No fue creado por Proust sino que fue respondido por él en dos oportunidades. Famosos de todo el mundo, incluso Borges, han contestado este cuestionario. El conductor francés Bernard Pivot lo modernizó para su programa de televisión. Algunas de estas estrevistas están en Youtube. Los dos cuestionarios se encuentran en la Web.

Tener en cuenta que la entrevista puede ser utlizada como recurso literario como más adelante veremos en el libro *Verano* de J.M. Coetzee.

▶ Documentos, cartas

Los registros civiles y los juzgados son una fuente de datos que está a disposición de familiares. En Buenos Aires, en la Avenida de los Inmigrantes, en Retiro, si se es familiar se puede solicitar la vista de testamentos. Cerca de allí, en Av. Antártida Argentina, está el Museo de la Inmigración que ocupa un pabellón del antiguo Hotel de los Inmigrantes y donde es posible obtener información de quienes llegaron al país desde otras naciones.

Los documentos permiten reacomodar la historia oral que se ha condensado, **deformado a lo largo de los años** y descubrir nueva información. Cuando escribí la historia de una cuatrera del sur, que fue asesinada en una emboscada por la policía, me sorprendió encontrar en su testamento que tenía una máquina de coser. Ese detalle cambió por completo mi percepción sobre este personaje. Otro hallazgo que determinó la manera de construir el retrato de otra de las mujeres de mi libro fueron dos cartas que encontré en el Archivo Histórico Nacional. Quería contar la historia de alguna de las cinco mujeres que llegaron en 1780 al Fuerte del Carmen para poblar la Patagonia y solo tenía los nombres que figuraban en libros de historia. Buscaba a ciegas algún dato y así fue que pedí los documentos de esa época en el Archivo. Me hicieron pasar a una sala donde cuatro o cinco personas leían y un guardia sentado en una silla más alta controlaba. Era mi primera vez en ese lugar. Me trajeron un paquete de papeles atados de unos 15 centímetros de alto. Lo abrí. Por más que no encontrara nada era emocionante tocar y leer esos papeles antiguos, poder escuchar la voz de Viedma a través de su letra y descubrir lo humano de nombres que acostumbramos a pensar solo como calles o ciudades. Suerte de principiante, le dicen. En el segundo paquete encontré el juicio que le hicieron a una de esas mujeres por intentar desertar con su amante, pero lo más extraordinario fue descubrir que esa mujer sabía escribir porque allí estaban las cartas escritas a su amante.

Soy Roca es un libro extraordinario y una biografía sorprendente, no solo porque Félix Luna era un gran historiador sino porque era un gran escritor. El libro, que tiene la estructura de una memoria personal, recrea el lenguaje de Roca de manera impecable. Cuando le pregunté a Luna cómo lo había logrado me contestó: "leyendo una y otra vez sus cartas".

Christiane Dosne Pasqualini, científica investigadora en oncología experimental, primera mujer miembro –en la actualidad Académica Emérita– de la Academia Nacional de Medicina de Buenos Aires, escribió la autobiografía *Quise lo que hice* gracias a las cartas que durante 30 años había escrito periódicamente a su madre cuando dejó Canadá para venir a la Argentina como becaria de Bernardo Houssay[*].

---

[*] Premio Nobel de Medicina 1947. Fue el primer latinoamericano laureado en Ciencias.

Basado en ese libro, su nieta, Belén Pasqualini, actriz y soprano, creó el musical *Christiane. Bio–Musical científico* con gran éxito. Christiane participó muchos años en mis talleres cuando ya pasaba sus 90. Escribí, con su colaboración, *No dejo entrar el viejo en casa*, un libro que explora cómo se viven hoy los 30 años de aumento en la esperanza de vida.

▶ Fotos

Las fotos son otra fuente invalorable sobre todo si algún familiar ha tenido la paciencia de **registrar quién es quién** en ese álbum que heredamos de nuestros padres o abuelos. La familias están llenas de fotos de no se sabe quién que terminan en la basura (aunque hoy se venden por la Web). A mí me gusta verlas en las autobiografías y biografías. **Son tan necesarias como las palabras**, las complementan.

Cisnes Salvajes, de Jung Chang, es la historia de tres generaciones de una familia china centrada en la historia de sus mujeres: la abuela, la madre, la nieta. Son tres mujeres luchando por sobrevivir en una China de guerras, invasiones y revoluciones. La historia es por momentos tan aterradora que uno quisiera que no fuera verdad, pero ahí están las fotos certificando la presencia real de tres mujeres.

Cortázar de la A a la Z, una compilación realizada por su primera mujer de textos del escritor. Es un libro hermoso: fotos del escritor, las casas en las que vivió, objetos, manuscritos, cartas, documentos) con textos extraídos de sus libros y su correspondencia.

Antes de mí, de Irene Hinz, tiene 145 fotos, casi todas de buena calidad. En ellas se constatan los rasgos físicos repitiéndose a lo largo de las distintas generaciones, cómo se recreó en la Argentina el molino cerealero que los ancestros habían tenido en Alemania, y se puede ver a la autora a través del tiempo, desde la niña que jugaba con un gallo hasta la mujer que es hoy.

Una foto requiere ser mirada con atención. Son los detalles los que **abren los recuerdos**, los que conmueven. Un gesto que revela. La imagen de un momento congelado en el tiempo que provoca placer, dolor y nostalgia. ¿Qué nos pasa frente a una foto de un padre o una madre que perdimos hace tiempo? ¿Acaso no sentimos su calor, su olor o la textura de la ropa que viste? El ya mencionado Barthes tiene entre sus muchos libros uno sobre la fotografía llamado *La cámara lúcida*, imperdible aun para los neófitos. "**La fotografía constata lo que se ha sido**", afirma. En ese libro cuenta un hecho al que le dedica buena parte del mismo. Ocurre después de la muerte de su madre mientras ordenaba sus fotos. Lo hacía sin esperar nada de ellas, pensaba que ninguna podría "hablarle", decirle algo. Eran de otro tiempo, antes de que él naciera y en ellas no reconocía más que fragmentos. Además su madre no era fácil de captar porque no buscaba mostrarse en las fotografías. Siguió mirándolas una por una, buscando alguna que la mostrara en su totalidad, alguna que mostrara la verdad del rostro de la mujer que tanto había querido hasta que al fin la encontró. Era muy antigua. Encartonada, con las esquinas comidas que mostraba a dos niños, uno era su madre a los cinco años.

> Observé a la niña y reencontré por fin a mi madre. La claridad de su rostro, la ingenua posición de sus manos, el sitio que habían tomado dócilmente, sin mostrarse ni esconderse y por último su expresión, que la diferenciaba como el Bien del Mal de la niña histérica, de la muñeca melindrosa que juega a papás y mamás, todo esto conformaba la imagen de una inocencia soberana [...] En esa imagen de niña yo veía la bondad

que había formado su ser para siempre sin haberla heredado de nadie.

Barthes no mostrará esa foto que a él le revela la esencia y la singularidad de su madre porque a otros no le significaría nada. Tampoco la incluye en su autobiografía. Ya antes se dijo que comienza con fotos. Las primeras 49 páginas son fotografías. Su intención no es mostrar la familia. Son fotos que le dicen algo. Algunas llevan epígrafes largos, otras apenas dos palabras. Una, por ejemplo, es la foto de una mujer de medio perfil con una mirada extraña, el epígrafe dice: "La hermana del padre: estuvo sola toda su vida". Otra, es una de Barthes niño en un jardín. El epígrafe dice: "El jardín grande formaba un territorio bastante ajeno. Parecía servir sobre todo para enterrar las camadas de gatitos sobrantes. Al fondo, un sendero más sombrío y dos espinos redondos y huecos: allí ocurrieron algunos episodios de sexualidad infantil."

▶ La evocación

Evocar es una manera de recuperar información que tenemos guardada y hasta olvidada. Evocar es más que recordar. Mientras que recordar es "traer a la memoria propia algo percibido, aprendido o conocido, o retener algo en la mente", evocar es, en su primera acepción, "traer algo a la memoria o a la imaginación", también es "**llamar a los espíritus y a los muertos**, suponiéndolos capaces de acudir a los conjuros e invocaciones". Cuando estamos en actitud de evocar, el presente se diluye. El cuerpo necesita algún tipo de apoyo, se entrecierra los párpados o la mirada se pierde o se fija en cualquier cosa, incluso las manos quedan en una posición relajada. Así mente y cuerpo vuelven sobre las sensaciones de tal o cual recuerdo. Es conveniente registrar enseguida la evocación, así como la sensación que nos provocó.

Es posible que no sepamos distinguir entre lo real y lo imaginario, pero como dije antes la imaginación es la que rellena los huecos de la memoria.

▶ El árbol genealógico

A pesar de que el Nobel Saramago defenestra a los que indagamos en el pasado más allá de la tercera generación, lo llama **"vanidad necrófila"**, la genealogía es apasionante porque permite encontrar en la idiosincrasia de cada personaje que nos precedió nuestro propio rostro. Sandor Marai lo describe en un breve párrafo de su autobiografía *Confesiones de un Burgués:*

> Tengo que hablar de los muertos, así que debo bajar la voz. Algunos están completamente muertos para mí; otros sobreviven en mis gestos, en la forma de mi cráneo, en mi manera de fumar, de hacer el amor, de alimentarme: como y bebo ciertas cosas por encargo de ellos.

Hace muchos años Félix Luna me pidió que hiciera la crítica de un libro para su revista *Todo es Historia*. Raro. Nunca antes me lo había pedido, yo hacía otro tipo de colaboraciones. Se trataba de un pequeño libro *Vascos, Bearneses y Gascones* escrito por Alberto Sarramone, un abogado de la ciudad de Azul. Increíble. Allí encontré el origen y el significado de mi apellido y una descripción de las características culturales del pueblo de mis ancestros con las que me sentí completamente identificada (la epigenética algún día nos dará más pistas de cómo repercute en cada uno lo heredado de las generaciones pasadas). De alguna manera ese hecho fue un mojón en el camino que sigo transitando y que hoy toma la forma de este libro.

Aquel fue el primero de Alberto Sarramone, después organizó su propia editorial y escribió muchos otros. Los menciono porque tienen buena información para quienes buscan sus orígenes: *Los abuelos vascos en el Río de la Plata* (1995); *El antiguo pago y partido del Azul* (año 1997); *Los abuelos alemanes del Volga* (1998); *Les Bearnais dans la pampa* (1996); *Les cousins basques de Amérique* (1997); *Los abuelos gallegos* en América (2002); *Cataluña y los catalanes en el Plata* (2004); *Apellidos vascos americanos* (2007); *Inmigrantes y criollos en el Bicentenario* (Ediciones B, 2009).

Para **organizar el árbol** se puede recurrir a programas de computación específicos. Están los que se pueden completar *on line* o los que se descargan en la propia PC. Los hay gratuitos y pagos. Se empieza por los datos que se tienen y de a poco se va ampliando con los que se obtienen a través de los recursos que vimos antes. Si se pretende pedir información a familiares que no se conocen, es oportuno dar información que permita verificar la conexión y dejar en claro que el único propósito es la reconstrucción del árbol genealógico.

A mi padre le pasó. Viajando por Francia se le ocurrió buscar sus raíces. Sabía el nombre del pueblo, Orthez, y después de consultar una guía de teléfonos –y sin saber el idioma–, tuvo la audacia de presentarse, sin previo aviso, en la casa de quienes podrían ser familiares; por supuesto, fue recibido con suma desconfianza hasta que uno de los franceses recordó una carta de más de 30 años atrás y que todavía conservaba, que acreditaba el vínculo con los parientes argentinos. Solo entonces mi padre con grandes muestras de afecto fue invitado a entrar en la residencia familiar.

En estos links http://www.cubagenWeb.org/e–progs. htm se encuentran referencias de los programas: http://www.taringa.net/posts/info/2230738/Como–armar–arboles–genealogicos.html,

http://www.entelchile.net/familia/tercera_edad/arbol_genealogico/arbol_genealogico.htm

Si de genealogía se trata, no se puede dejar de mencionar a Familia Search (https://familysearch.org/), una organización que posee una valiosa y vasta fuente de datos de familias a lo largo de todo el mundo. Durante más de 100 años han recopilado, conservado y compartido registros genealógicos. Dice en su página a modo de presentación: "La Iglesia de Jesucristo de los Santos de los Últimos Días es el principal benefactor de los servicios de FamilySearch. Nuestro compromiso de ayudar a las personas a conectarse con sus antepasados se basa en nuestra creencia de que las familias deben ser **la parte central de nuestra vida** y de que las relaciones familiares están destinadas a continuar más allá de esta vida. Todos los integrantes de las familias, tanto los que viven ahora, los que vivieron en el pasado y los que vivirán en el futuro, comparten un vínculo perdurable que abarca todas las generaciones. Para nosotros eso significa que las familias son eternas y una parte importante de la práctica de esa creencia es la obra de historia familiar."

Family Search tiene varios **servicios gratuitos** y hasta cuenta con atención personal. Para ingresar es necesario registrarse.

Novelas, periódicos y revistas de la época

Haley escribió en su libro:

> De regreso en los Estados Unidos empecé a devorar libros de historia africana. Pronto fue una especie de obsesión corregir mi ignorancia con respecto al segundo continente de la tierra. Todavía hoy me avergüenzo al pensar que hasta ese momento mis imágenes del África provenían de las películas de Tarzán, y lo poco verdadero que sabía era de las veces que había hojeado algún número de «National Geographic». Ahora, de repente, después de leer el día entero, me sentaba en el borde de la cama, de noche, estudiando un mapa del África, memorizando las posiciones relativas de los diferentes países y las aguas principales en las que habían operado los barcos de los traficantes de esclavos.

Cuando investigué para *Mujeres en tierra de hombres* leí decenas de libros, muchos documentos, revistas y periódicos, pero lo que me ayudó mucho a describir escenarios, hacer retratos de personajes, aprender costumbres, identificar detalles y, sobre todo, asimilar el modo de hablar fueron las buenas novelas y cartas de la época y los diarios personales que conservaban algunas familias que entrevisté.

 # Cartas natales y otros recursos

Sí, se puede recurrir a las cartas natales, los signos astrales, la numerología, el eneagrama o el tarot. Yo lo he hecho tanto para recrear la identidad de un personaje real como para uno de ficción. A veces me han ayudado a reforzar lo que ya intuía y otras me han abierto nuevas perspectivas para seguir indagando.

▶ La Web

Y por supuesto tenemos Google que, usado con el debido cuidado, es un rápido instrumento de búsqueda de información. Hay programas como Google Earth que permiten explorar el planeta, incluso sobrevolar en 3D algunas ciudades o YouTube que guarda documentales de todas las épocas. Internet es **el invento más extraordinario** de esta época, pero tiene un defecto fatal: nos ata a una pantalla. Cuando escribí sobre las mujeres de la Patagonia, Google no era una opción y debí viajar a lo largo de dos años por toda la región para buscar datos. En esta época supongo que podría escribir algo parecido sin moverme de mi casa, pero me hubiera perdido de realizar unos viajes increíbles que atesoro en la valija de las experiencias inolvidables.

Una pregunta sobre este tema sería: ¿debo terminar mi investigación para empezar a escribir mi historia? No hay una regla en ese sentido, hay quienes escriben en simultáneo con **el proceso de investigación.** Es mejor hacerlo al terminar pese a que no siempre lo he respetado.

Tener en cuenta que a pesar de documentar de manera correcta nuestra historia, una vez publicada no faltará un lector que se pregunte o nos pregunte cuánto de lo narrado es realidad y cuánto es ficción.

▶ Fuentes

A lo largo de una investigación obtendremos información de muchos lugares distintos y resulta útil registrar las fuentes con algún tipo de orden. Las hay de dos tipos: las primarias que se basan en documentos, certificados de bautismo, testamentos y las secundarias que son comentarios de las anteriores, dicho de otra manera son datos basados en la memoria. Estos últimos si no pueden ser verificados, por lo menos, deberíamos relativizarlos. Cierto es que los primarios también pueden contener errores. En mi familia se supo por casualidad que la abuela María había adulterado su documento de identidad para quitarse años. Ocurrió cuando tuvo que sacar su pasaporte para hacer un viaje a los Estados Unidos. Ella ya era una mujer mayor y yo una niña. Pasado los años quedó en el relato familiar la idea de que habían sido 10 años, pero hace pocos días mi hermana, que está haciendo trámites para obtener la nacionalidad de ese país, recibió de Italia el certificado de nacimento de la abuela y descubrimos que se había sacado ¡18 años! Cierto es que parecer más joven de la edad que se tiene se debe a algún gen que han heredado muchos en nuestra familia.

Libros

Verano, de John Maxwel Coetzee

En oportunidad de recibir el Premio Nobel de Literatura en 2003, Erik Wästberg, de la Academia sueca, hizo una descripción acertada de él y su obra: "No da concesiones, ni ofrece panaceas, ni alternativas, ni salidas de emergencia. Usted —se refería a Coetzee— ha escarbado a fondo la condición humana, en su crueldad y en su soledad. Ha dado voz a quienes están fuera de la protección de lo divino, con honestidad intelectual y un hondo sentimiento, con su prosa de precisión de hielo, ha levantado las máscaras de nuestra civilización y descubierto la topografía del mal".

Y sí, si se quiere mirar la realidad sin moños, lea a Coetzee. La misma vara con la que mide lo que observa la utiliza con él mismo.

Varios de sus libros son autobiográficos. *Verano* resultó elegido entre 30 escritores en una encuesta realizada por el diario *El País,* de España, el año en que fue publicado. Es la tercera parte de su autobiografía después de *Infancia* y *Juventud.* Todas escritas desde un narrador en tercera persona. *Escenas de una vida de provincias* reúne la trilogía en un solo volumen.

Pertenecen al género del yo: *Aquí y ahora* recopila las cartas intercambiadas entre Coetzee y Paul Auster entre 2008 y 201; *Cartas de navegación* es una selección de ensayos y entrevistas, y *El buen relato, conversaciones sobre la verdad, la ficción y la terapia psicoanalítica*, un diálogo con la psicoanalista Arabella Kurtz. Son libros de intercambio con otra persona que le permite alejarse de lo que él llama el estancamiento del propio monólogo, en tanto que el diálogo implica un compromiso humano que le permite expresar sus pensamientos acerca del mundo y enfrentar, al mismo tiempo, una crítica de esos pensamientos.

Verano es una obra original, no en vano llamó la atención de críticos y escritores como sucede cuando un profesional de la palabra escribe sobre sí mismo. "Asombra por la audacia de su planteamiento", dijo la escritora española Soledad Puértolas. El libro trata de la vida del escritor contada por quienes lo conocieron. Es uno visto por los otros, sobre lo que somos para los demás.

El autor se imagina muerto e inventa a un biógrafo como personaje que pregunta por la vida del escritor. Qué es realidad y qué ficción en esta obra es irrelevante frente a la inquietante propuesta de imaginar qué somos para los que se han cruzado en nuestro camino y cómo nos vemos reflejados en esas vidas. ¿Qué verdad reflejan los espejos? Parecería que la sombra de Borges anduvo sobrevolando al escritor sudafricano.

La historia abarca solo una parte de la vida del escritor. Vincent, un joven biógrafo, busca reconstruir la época en la que escribió sus dos primeros libros entre 1971 y 1977. En su poder tiene unas notas o fragmentos de diarios del escritor, unos fechados y otros no. Varios se refieren a la relación con el   padre. El biógrafo no confía en lo que dicen y decide entrevistar a personas que lo conocieron en aquellos años. La mayor parte de la novela consiste en las transcripciones de dichas entrevistas.

Se utilizan varias técnicas y narradores. Al comienzo y al final del libro están las "notas" escritas por Coetzee en tercera persona, debajo de cada nota hay comentarios también en tercera –en cursiva– supuestamente realizados tiempo después por el escritor. Aparentemente son notas destinadas a un eventual libro: por ejemplo: "A desarrollar: la reacción de su padre a los tiempos comparada con la suya".

El libro está dividido en siete capítulos. Dos –inicio y final– contienen las notas de Coetzee, los otros cinco se corresponden a las entrevistas realizadas a cuatro mujeres, dos tuvieron una relación erótica con él, una prima, un amor platónico, y un hombre que conoció en una antesala mientras esperaban ser atendidos para obtener un trabajo y con el que posteriormente entabló cierta amistad.

Las cinco personas que se sientan delante del biógrafo hablan mucho, aunque más de ellos mismos que de Coetzee. En el intercambio se reproducen diálogos mantenidos con el escritor en vida. Las entrevistas incluyen los silencios y las risas que suscitan tal o cual recuerdo o comentario.

El Coetzee que muestra es poco seductor, descuidado, reservado, algo raro. A través de esas voces descubrimos al amante, al hombre de familia, al profesor, al enamorado y al Coetzee social, intelectual y político. Lo que él dice de sí mismo no es para nada admirable ni qué decir la descripción, hecha por una de las mujeres, del baño de la casa donde vivía con su padre o de su rol como amante. Dice la amante: "Éramos dos autómatas inescrutables, cada uno de los cuales mantiene un comercio con el cuerpo del otro. Dos empresas independientes en marcha: la suya y la mía". Dice Coetzee a la prima sobre un lugar que quiere comprar para vivir con su padre: "Este lugar me desgarra el corazón. Me lo desgarraba de niño, y desde entonces nunca he estado bien. Me llena de melancolía, me inutiliza para la vida". Un colega lo ve como un inadaptado, que trabajó 40 años de profesor sin vocación solo por la seguridad de un sueldo mensual. Dice otra de las mujeres: "¿cómo puede ser un gran escritor cuando no sabe nada del amor".

Coetzee muestra la realidad con una crudeza que deja sin aire. De este libro me resulta imposible olvidar las últimas notas referidas a la relación con el padre. Tal la conmoción. El padre es un hombre indiferente, derrotado, desilusionado, del que Coetzee no sabe nada, solo lo que encuentra que contestó en un cuestionario de la revista "Descubra su nivel de satisfacción y éxito en la vida", que tenía menos de la mitad de marcas positivas. Está enfermo de cáncer, le han extirpado la laringe y necesita muchos cuidados; posiblemente deberá depender de la ayuda del Estado. El Coetzee del libro se pregunta en los últimos renglones, si abandonar algunos de sus proyectos personales para convertirse en enfermero o renunciar a su padre. Por única vez en segunda persona, dice: "«No puedo enfrentarme a la perspectiva de cuidar de ti día y noche. Voy a abandonarte. Adiós». Una cosa o la otra: no hay una tercera vía".

Ejercicios 5

5.1. Hacer el cuestionario Proust: a vos mismo, a una persona de tu historia y otra apócrifa a un antepasado, infiriendo las respuestas: 1. El principal rasgo de mi carácter. 2. La cualidad que deseo en un hombre. 3. La cualidad que deseo en una mujer. 4. Lo que más aprecio en mis amigos. 5. Mi principal defecto. 6. Mi ocupación favorita. 7. Mi sueño de felicidad. 8. Cuál sería mi mayor desgracia. 9. Qué me gustaría ser. 10. El país donde desearía vivir. 11. Mi color favorito. 12. La flor que más me gusta. 13. El pájaro que prefiero. 14. Mis autores favoritos en prosa. 15. Mis poetas preferidos. 16. Mis héroes de ficción. 17. Mis heroínas de ficción. 18. Mis compositores favoritos. 19. Mis pintores preferidos. 20. Mis héroes de la vida real. 21. Mis heroínas históricas. 22. Mis nombres favoritos. 23. Lo que detesto. 24. Figuras históricas que detesto. 25. El hecho militar que más admiro. 26. El don de la naturaleza que desearía poseer. 27. Como quisiera morir 28. El estado actual de mi ánimo. 29. Faltas que me inspiran más indulgencia. 30. Mi lema.

5.2. Buscar una foto familiar, observarla con lupa o ampliarla en la PC para ver los detalles y escribir un texto que la describa con minuciosidad.

5.3. Buscar dos fotos propias o de otra persona de distintas épocas y compararlas.

5.4. Hacer una lista de amigos en el sentido amplio. Elegir uno y escribir su retrato o la historia de la relación.

▶ Mientras escribo

¿Cómo me siento? Estoy en uno de esos días en que todo está en mi contra, encontré la leche agria, llegó una multa por mal estacionamiento, elegí la cola más larga en el super; estoy enojado por una pelea o triste por la enfermedad de un amigo o, todo lo contario, estoy enamorado y el mundo es maravilloso, el cielo es más azul y los pajaritos cantan para mí. ¿Cómo resultará el texto que escriba según sea mi estado de ánimo? Lo ideal es un estado neutro, pero qué hacer, si se esperara el estado ideal tal vez no se escribiría nunca. En lo personal trato de ser consciente de qué me está pasando y así estar en condiciones para evitar que mi humor se deslice en la historia que estoy contando.

Profundizar en las características de nuestros sentimientos puede resultar útil en la escritura porque todos tenemos una manera específica de estar enamorado o melancólico. Un deprimido se mete en la cama, otro llora si escucha alguna música triste y otro quiere emborracharse con anís... pero el personaje–persona sobre el que escribo ¿lo haría con ron o, tal vez, con cerveza?

Saber qué nos pasa es imprescindible si el tema soy yo. Escribir implica sumergirnos en nuestro interior y también vernos desde afuera, es decir desdoblarnos. Es a través del autoconocimiento que podemos encontrar nuestra verdad. Los sabios de la antigua Grecia lo sabían: en el templo de Apolo, en Delfos, estaba inscripta la frase "Conócete a ti mismo". Cuando uno se descubra sobrevolando la escritura, se pierda o no sabe cómo seguir, la manera de encontrar el camino es profundizar en el impacto que tal o cual tema o hecho tiene en nosotros, en otras palabras buscar la verdad, mi verdad.

Mientras escribo el **yo miedoso, el de los prejuicios, el cómodo** deben quedar fuera, el texto que resulta siempre será mejor.

No hay un método único de escribir, lo vimos antes, pero cualquiera sea tenemos que diferenciar que una cosa es la historia que se quiere contar y otra es la forma de contarla. La historia es una, las maneras de contarla, infinitas. En ese sentido es necesario tomar las primeras decisiones. Algunos escritores profesionales esperan tener al menos 50 páginas escritas para resolver cómo o desde qué punto de vista contarla.

▶ La historia y la trama

Historia y trama son cosas distintas (tengamos en cuenta que estos nombres pueden variar, no el concepto). La historia o argumento es lo que querés contar, una sucesión de hechos que guarda un orden cronológico y la trama es la forma de organizar esos hechos. La trama, también se la llama relato o secuencia, es "el alma de la tragedia", decía Aristóteles, "la composición de las cosas", dicho de otra manera es "la organización, estructura y planteamiento general de todas las partes de una acción con el fin de formar de ella un todo bello y perfecto".

La trama puede seguir el desarrollo de la historia, coincidir con el orden cronológico. Antes de seguir, aclaremos que las **autobiografías y las biografías de familia no tienen final** (lo normal es que el autor siga viviendo terminado su libro y aun cuando muera, como le sucedió a Kipling, no implica el fin de la familia). *El tiempo de una vida,* de Juan José Sebreli, tiene una estructura lineal que comienza con su infancia y el barrio en el que nació y termina cuando le pone punto final, posiblemente en el 2004. Han pasado más de 10 años desde que Sebreli publicó su autobiografía y por suerte ha seguido viviendo y publicando. Velia Lina Hoffmann* terminó de escribir *Nosotros, una familia de italianos, alemanes y catalanes,* en 2012. El libro abarca siete generaciones y llega hasta 1971, cuando la autora regresó de una larga estadía de trabajo en Alemania.

Entonces, el autor determina el tiempo y también por dónde comenzar: por el principio (ya dijimos que suele ser el dato más antiguo que se conoce en el caso de las biografías de familia o el nacimiento en la autobiografía), pero también se puede empezar por el medio de la historia (in media res) como *Al oeste con la noche* y hacer retrospecciones, es decir saltos temporales a un tiempo anterior, y desde el pasado llegar hasta el punto de inicio y desde ahí avanzar hasta el final, o se puede empezar por el final como en *Nada se opone a la noche.*

Organizar la trama (lineal o no) implica seleccionar unos hechos y omitir otros, sería imposible narrar todo lo que acontece en una historia. Como su nombre lo indica la trama es **un entramado** en el que se cruzan el narrador, en otras palabras la voz –o voces– que cuentan la historia, el tiempo, los personajes, los escenarios en los que transcurre, la división y extensión en capítulos y/o partes. Todo esto se conoce con el nombre de estructura. Más adelante veremos técnicas de resumen y escena que permiten desarrollar la trama.

Veamos ahora el tipo de tramas o relatos.

---

* Velia Hoffmann integra el Colectivo de autores de autobiografía, historia familiar y autoficción, coordinado por Virginia Haurie, fue creado en el año 2008.

Hay prosas con base descriptiva, con base narrativa y otras argumentativas o expositivas. A nosotros nos interesan las dos primeras. Los textos literarios con base descriptiva recrean espacios y situaciones del mundo real o imaginario. La descripción supone una forma de análisis, se describen paisajes, ambientes, objetos, personajes, que pueden estar quietos, en movimiento o ambas cosas a la vez. Al contrario de lo que se piensa este tipo de texto presenta más dificultades que el narrativo porque no hay criterios que lo enmarquen. Se suceden interrelaciones y la selección y el orden de lo que se describe solo está determinado por la finalidad del texto. Las descripciones pueden ser parciales, totales, o en detalle y requieren de un manejo preciso del lenguaje y de muchos recursos como imágenes de todo tipo (auditivas, táctiles, visuales, gustativas, olfativas), comparaciones y metáforas. Prevalecen los sustantivos y los adjetivos.

Encuentros es la autobiografía de Félix Luna aunque él se negaba a considerarla así porque decía que todavía no era demasiado viejo para escribirla. Tiene una trama de tipo descriptivo contada en primera persona. Los recuerdos están ordenados por los temas constitutivos de su vida: música, historia, país, trabajo, formación, familia, política, los lectores. Cada tema funciona como eje y tiene un orden cronológico. Otro libro de corte autobiográfico y prosa descriptiva (edición privada) es *Los Luna. Apuntes para mis descendientes*. Lo escribió a pedido de sus hijas y en él explora el origen del apellido desde el siglo XI y llega hasta 1958. Es un libro entrañable por la calidez de su prosa, las fotos y los dibujos realizados por el propio Luna.

Otros libros del género autobiográfico con prosa de tipo descriptivo son: *En esto creo,* de Carlos Fuentes, que organiza los distintos temas que aborda siguiendo el alfabeto y *Arenas*

Movedizas, de Henning Mankell, que reúne relatos unitarios que escribe cuando se entera de que tiene una enfermedad terminal.

Imposible categorizar los textos descriptivos.

Mi autobiografía es del tipo descriptivo. El eje, la manera de ordenar el material, son las cosas que tengo o tuve alguna vez como una pequeña campana de cristal, una pequeña mesa de madera, el dibujo hecho por mi hijo cuando era pequeño, un libro con dedicatoria, una carta. Las cosas tienen historia y una identidad que les son propias y elijo aquellas que hablan de la historia familiar y de quien creo ser. Empecé a escribir estas historias a pedido de mis hijos y la titulé *Cosas de mi leonera.* Leonera es el desván de una casa donde las cosas se guardan sin orden y también el nombre de las celdas en donde están las mujeres que esperan ser juzgadas.

Las tramas con prosa de base narrativa se caracterizan por la acción, prevalece el verbo. Elsa Osorio suele decir que si uno no sabe cómo seguir una narración se debe pensar en un verbo, de esa manera se marca una nueva acción. Las novelas y los cuentos pertenecen a esta categoría.

En narrativa se trata de mostrar más que de contar, intervienen personajes que se mueven en un tiempo y en un espacio, y se usan recursos como el diálogo, el monólogo interior, el fluir de la conciencia o la retrospectiva. *Raíces* es un texto narrativo, salvo la última parte que es descriptiva. También es un texto narrativo *El mar que nos trajo,* que cuenta la historia de Agostino quien dejó a Adela en Italia para viajar a la Argentina solo por un tiempo, pero aquí armó una nueva familia, incluso tuvo una hija. Más tarde, los cuñados italianos lo obligaron a volver y se fue sin despedirse de su familia argentina. Gambaro, su autora, cuenta que esa historia, así en crudo, la escuchó en la mesa de su casa, pero que luego la armó *a piacere* como hace todo escritor. "Hay ficción, algunos personajes y comportamientos están hechos basándome en pequeños detalles que me contaron, pero en cada situación elegí mi propio modo"

La **organización temporal** en la narrativa clásica tiene tres momentos: planteamiento, desarrollo, desenlace (también se lo llama inicio, nudo, resolución), y un conflicto. Para explicar estos conceptos se suele usar el cuento de Caperucita Roja.

El planteamiento comprende la parte inicial de la historia y se cuenta lo necesario para situar al lector: quién es el protagonista, su situación, el lugar donde transcurre la acción, cuándo sucede y el principio del conflicto, en otras palabras qué hecho provoca que se altere la normalidad en la que vive el personaje. El cuento comienza cuando una mamá envía a su hija, llamada Caperucita, con comida a la casa de su abuela del otro lado del bosque y le dice que no hable con desconocidos; Caperucita va por un camino que no corresponde y aparece el lobo.

El desarrollo ocupa el tramo central del relato, se cuenta cómo ocurren los acontecimientos desde que la protagonista entra en una situación que no es la normal hasta que se llega a un clímax. El lobo **engaña a Caperucita**, llega primero a casa de la abuelita, se viste como ella, recibe a Caperucita acostado en la cama y se la quiere comer. ¿Se salvará Caperucita?

El desenlace es el último tramo del relato, se resuelve el conflicto y muestra la situación en la que quedan los personajes. Ella grita, sale corriendo, el leñador la escucha, vence al lobo, libera a la abuela (prefiero esta versión y no la que muere la abuela) y regresa a Caperucita sana y salva a su casa.

¿Qué es un **conflicto**?, pues aquello que se opone a lo que se quiere lograr. Si bien puede haber más de uno, estos son fáciles de identificar porque son solo tres: cuando se lucha contra otras personas, cuando la lucha es contra uno mismo por principios o sentimientos contrapuestos y, por último, cuando se lucha contra una fatalidad o algo que es impuesto. El conflicto es un hecho que enfrenta al personaje o a los personajes con fuerzas antagónicas y que tiene que resolverse de alguna manera. En el caso de Caperucita el conflicto está personificado por el lobo.

Stephen King cuenta en su libro *Mientras escribo* su particular manera de organizar la trama: él crea personajes, los coloca en una determinada situación y después plantea conflictos y observa cómo reaccionan. Así va desarrollando la trama hasta llegar a un final que no siempre puede anticipar.

Las sagas familiares o las autobiografías con estructura narrativa requieren entrenamiento, tiempo y dedicación. Cuando se tienen muchas ocupaciones recomiendo trabajar en capítulos unitarios, descriptivos o narrativos, no necesariamente cronológicos, que puedan leerse de manera independiente unos de otros y así componer una amalgama de relatos/crónicas (incluso dibujos, caligramas, fotos, documentos, cartas) que reunidos den cuenta de la historia que queremos contar.

▶ El tema

Detrás de una historia puede haber un tema, una idea que el autor quiere transmitir a lo largo de la trama. Es una constante que aparece en la narración. Pueden ser los celos, el abandono, la muerte, la ambición, la venganza, la lealtad, la guerra, el hambre. Muchas veces es el lector el que entrevé un tema más allá de la intención del autor.

Pero: ¿se puede escribir sin tema?, ¿se puede escribir un relato sin los tres momentos? Sí. Son tramas descriptivas o crónicas, como algunos cuentos de Chejov y de Alice Munro. Por lo general, se narra un conjunto de sucesos más o menos azarosos que terminan sin grandes finales, moralejas o heroísmos. "Tendré que conformarme con describir la forma en que mis personajes aman, se desposan, procrean y mueren. Y cómo hablan", dice Chéjov en un cuento del escritor Raymond Carver en el que recrea sus últimos días. Joyce llamó epifanías a este tipo de relatos porque pueden ser una revelación, una toma de conciencia que permite dejar caer el velo de lo acostumbrado a ver/pensar sobre la propia historia.

Tiempo atrás lo narrativo era propio de la ficción y lo descriptivo propio de los géneros referenciales. Eso ha cambiado. Es cierto que hay muchos relatos autobiográficos que son descriptivos, pero también los hay narrativos como *Raíces*, *Nada se opone a la noche*, o los que son una mezcla de realidad y ficción como lo es *W o el recuerdo de la infancia* de Georges Perec, en el que se entrelazan capítulos autobiográficos descriptivos con un cuento de ciencia ficción.

Libros

En esto creo, de la A a la Z, de Carlos Fuentes

Seleccioné esta obra porque tiene un formato sencillo y original. Es una lista de temas organizados por abecedario. No hay secretos. En este formato no importa seguir una línea de tiempo. No hay que preocuparse por argumento, trama o conflicto. Si en lugar de temática, tu lista es de experiencias solo tenés que poner títulos, organizarla por abecedario y tener cuidado de no repetirte

Carlos Fuentes es, tal vez, el más famoso escritor de México, autor de novelas, ensayos y cuentos. De toda su obra se puede aprender mucho porque era un creador de recursos literarios. Citaré dos que recomiendo leer: una novela corta, *Aura,* por lo inquietante y porque es un buen ejemplo de lo fantástico y *Todas las familias felices* porque son relatos de familias.

Tiene dos libros autobiográficos: *En esto creo, de la A a la Z* y *Myself with others* (no está editado en castellano), que reúne ensayos sobre los temas de su obra: la autobiografía, el amor por la literatura y la política.

En esto creo, de la A a la Z es como un diccionario de la vida con 41 temas o capítulos. A través del recorrido por los títulos se puede entrever el contenido: los grandes temas de la existencia y sus intereses personales que, por cierto, eran diversos: "Amor", "Balzac", "Belleza", "Buñuel", "Celos",

"Cine", "Dios", "Educación", "Experiencia", "Familia", "Faulkner", "Globalización", "Hijos", "Historia", "Iberoamérica", "Izquierda", "Jesús", "Kafka", "Lectura", "Libertad", "México", "Muerte", "Mujeres", "Novela", "Odisea", "Política", "Quijote", "Revolución", "Sexo", "Shakespeare", "Silvia", "Sociedad Civil" "Tiempo", "Urbes, Ubres", "Velázquez", "Wittgenstein", "Xenofobia" y "Zurich".

El primero en utilizar el orden del diccionario para un libro fue Voltaire en su *Diccionario filosófico.* Este tipo de organización es considerado casi un género en sí mismo. La obra se presenta siguiendo la lógica del orden alfabético con textos que cierran en cada capítulo; "unitarios" como una serie de TV y pueden tener formatos diferentes. Estos libros permiten hacer pausas en la lectura y, a veces, ser leídos sin seguir el orden de los capítulos dispuesto por el autor.

El recurso se usa para cualquier tipo de libro, en temáticos como *Conceptos claves de gramática: lingüística y literatura* de Marta Merin y mucho en biografías como *Antonio Zanini de la A a la Z* , corredor de autos, del periodista Esteban Delgado, *Todo sobre Gregory Peck de la A la Z,* de Jaime Noguera Martín, y la mencionada *Cortázar de la A la Z,* de Aurora Bermúdez.

El texto de *En esto creo* es de tipo descriptivo, con referencias autobiográficas y ensayo. Pertenece a "Amistad":

> Dos edades abren y cierran la experiencia de la amistad. Una es la edad juvenil, y mi "disco duro" recuerda nombres, rostros, palabras, actos de compañeros de escuela. Pero lo que recuerdo no rebasa todo lo que he olvidado. ¿Cómo no celebrar que, sesenta años más tarde, mantenga un vínculo con mis primeros amigos de la infancia (una infancia errante, de familia diplomática, una peregrinación atentatoria contra la continuidad de los afectos)? Aún me escribo con Hans Berliner, un niño judío alemán que llegó a mi escuela primaria en Washington huyendo del terror nazi y fue objeto de esa crueldad infantil ante lo diferente.

Ejercicios 6

6.1. Escribir un texto con música alegre de fondo y otro con música sombría como el *Cuarteto para el final de los tiempos* de Olivier Messiaen, o el dramático *Primer movimiento de la Quinta* de Beethoven y comparar los resultados.

6.2. Escribir un recuerdo de la infancia con un texto de tipo descriptivo y después escribir el mismo recuerdo con un texto de tipo narrativo.

6.3. Leer la historia de Romeo y Julieta y luego identificar planteamiento, desarrollo y desenlace.

6.4. Escribir una historia que contenga alguno de los tres tipos de conflicto.

6.5. Responder el cuestionario*: ¿Qué te conmueve? ¿Qué te hace reaccionar? ¿Qué te rebela? ¿Qué te provoca rabia? ¿Qué pensás acerca de la vida? ¿Qué imaginás acerca de la muerte? ¿En qué crees? ¿De qué desconfiás? ¿A qué le temés? ¿Qué ansiás? ¿Cuáles son tus imperfecciones? ¿Qué es lo que no sabés? ¿Tenés una obsesión que te persigue? ¿Una escena que se te repite? ¿Qué temas que afectan a la sociedad te preocupan? Al teminar, si tuvieras cuentos o relatos escritos con anterioridad, reflexiona si algunas de tus respuestas se ven reflejados en ellos.

6.6. Hacer una lista de los mandatos familiares.

---

* Del libro de Kohan, Silvia Adela. Autoficción: escribe tu vida real o novelada. Alba Editorial.

¿Quién cuenta mi historia?

Repasemos tres conceptos: autor, narrador y protagonista. El autor es el que escribe y firma el libro, el narrador es el que cuenta la historia y el protagonista es de quién trata la historia. Vale decir que se podría pluralizar porque un libro puede tener más de un autor, varios narradores y varios protagonistas.

En el punto "Por dónde empezar" vimos que en la autobiografía clásica **coinciden el autor, el narrador y el protagonista,** y la persona gramatical que se utiliza es la primera del singular: "yo". Un ejemplo es *Secretos de familia,* de Graciela Cabal; la autora, la narradora y la protagonista es la niña Graciela:

> Tengo una mancha verde en mi vestido blanco. La mancha es de pintura. Estoy en el lavadero de una terraza llena de sol, con un gato blanco y gordo, un perro enrulado, el Coco, y Gran Mamá, que me agarra fuerte porque tiene miedo de que me caiga y me mate.
> En la galería hay vidrios amarillos y violetas. Estiro los brazos para que Gran Mamá me alce: me gusta mirar las cosas amarillas y violetas que están del otro lado.

Desde afuera

El concepto 'autor/autores' es fácil de comprender así como la identificación del protagonista o de los protagonistas. El problema para los autores que se inician es comprender 'el narrador'. Lo primero es distinguir si está **dentro de la historia** o fuera de ella. En el libro antes mencionado, Graciela cuenta su infancia en primera persona, es protagonista, es decir, está dentro de la historia. ¿Cuándo un narrador está fuera?, pues cuando el narrador no pertenece a la historia, lo que se va a contar se ve desde afuera (una especie de espectador) y la persona gramatical que se utiliza es la tercera persona: 'él/ella'.

Veamos el mismo párrafo contado por un narrador externo con la tercera persona. El subrayado muestra los cambios; en este caso, 'ella' es Graciela:

> Ella tiene una mancha verde en el vestido blanco. La mancha es de pintura. Está en el lavadero de una terraza llena de sol, con un gato blanco y gordo, un perro enrulado, el Coco, y Gran Mamá, que la agarra fuerte porque tiene miedo de que se caiga y se mate.
> En la galería hay vidrios amarillos y violetas. Ella estira los brazos para que Gran Mamá la alce: le gusta mirar las cosas amarillas y violetas que están del otro lado.

A veces, cuando explico el narrador en tercera prefiero hablar de 'un ente imaginario' para evitar la asociación de 'narrador' con un ser humano porque aunque detrás de éste está el autor, se trata de una construcción. ¿Qué quiero decir? Que ese narrador externo (tercera) **podría tener super poderes o ninguno**. El autor decide si quiere dotarlo de la capacidad de saber lo que piensan y sienten todas las personas que intervienen en la historia; puede dotarlo del poder de conocer el pasado, el futuro y todo lo que pasa en este continente o en cualquier otro. Podría ser un dios que todo lo sabe o ser como un simple mortal que no puede leer la mente de los otros.

Un ejemplo de un narrador en tercera con cierto grado de omnisciencia lo podemos ver en *El mar que los trajo*. El subrayado que se ve en el texto que sigue señala la capacidad del narrador de conocer íntimamente a los personajes:

> Al mes del nacimiento de la niña, retomó su trabajo. Agostino no protestó. Frotándose el hombro que sentía resentido, no le concedió la gracia de oponerse como ella esperaba. Dijo con sequedad: –Está bien –y Luisa levantó el bebé en brazos para ocultar su decepción; no supo de la íntima congoja de Agostino incapaz de procurarle ocio y holgura. El piamontés desparramaba simpatía pero pagaba malamente. [...]
>
> Ella aprovechaba la ausencia de Agostino, el sueño de Natalia, cada instante del día. Estiraba la ropa empapada en almidones con una plancha de hierro que calentaba en un brasero de carbón, y la devolvía puntualmente recorriendo largas distancias para no gastar en el tranvía. El ruido y el movimiento de las calles la asustaban, pero se guardó de confesar sus temores a Agostino. No era dada a exigir ni a quejarse porque de donde venía, una Florencia aldeana y pobre, la resignación se aprendía en la cuna, junto al primer balbuceo. Sufría calladamente cuando le retaceaban el pago y debía volver golpeando las puertas con una mansa insistencia de mendiga. Sufría calladamente cuando el brasero, en los días de verano, aumentaba el calor, o el agua helada del invierno endurecía sus manos.

Las autobiográficas en tercera persona no son comunes. *Días sin hambre*, de Delphine de Vigan, es una de ellas aun cuando la protagonista se llama Laura y no Delphine. Sabemos que se trata de la escritora porque ella misma lo confesó. Es la historia de su internación en un hospital cuando a los 20 años llegó a pesar apenas de 35 kilos. Está escrito estilo crónica:

> Era algo extraño a ella que no sabía nombrar. Una silenciosa energía la cegaba y gobernaba sus días. Una forma de colocón también, de destrucción. Todo sucedió paulatinamente. Hasta llegar a eso. Sin que acabara de darse cuenta. Sin que pudiera enfrentarse a eso.

Recuerda la mirada de la gente. Recuerda esa sensación de poder, que alejaba cada vez más los límites del ayuno y del sufrimiento. Las rodillas que entrechocan, los días enteros sin sentarse. El cuerpo que vuela desvalido por encima de las aceras. Más adelante, las caídas en la calle, en el metro, y el insomnio que acompaña el hambre, ya imposible de reconocer.

La autora confesó que solo podía acercarse a esta experiencia desde la tercera persona. Puede ser que esto le permita a un escritor alejarse para poder narrar algo que lo perturba, pero la tercera en sí no tiene por qué provocar alejamiento al lector, así como narrar en primera persona no determina la veracidad de lo que se cuenta.

La autobiografía de Coetzee, *Infancia,* escrita en tercera persona, de ninguna manera **genera distancia** con el protagonista, que recibe el trato de "él" a lo largo de todo el libro. Esta historia genera todo tipo de emociones por el estilo brutal de mirar la realidad que tiene el escritor:

Al fondo del patio instalan un gallinero para tres gallinas, con la esperanza de que pongan huevos. Pero las gallinas no medran. El agua de la lluvia, que la arcilla no filtra, se encharca en el patio. El gallinero se transforma en una ciénaga hedionda. A las gallinas les salen bultos en las patas, como piel de elefante. Enfermas y contrariadas, dejan de poner huevos. [...] la madre va colocándose las gallinas una tras otra entre las rodillas, les aprieta el pescuezo hasta que abren el pico, y con la punta de un cuchillo corta en sus lenguas. Las gallinas chillan y se debaten, con los ojos desorbitados. Él se estremece y se va. Imagina a su madre echando la carne del estofado sobre el mármol de la cocina y cortándola en tacos; imagina sus dedos ensangrentados.

A él le gusta la carne. Está deseando que llegue el tintineo de la campanilla al mediodía y la suculenta comida que anuncia: platos de patatas asadas, arroz amarillento con pasas, boniatos acaramelados, calabaza con azúcar moreno y tiernos taquitos de pan, judías agridulces, ensalada de remolacha y, en el centro, en el lugar de honor, una gran fuente de carne de carnero con jugo para acompañarla. Sin embargo, después de haber visto a Ros sacrificar a las ovejas, ya no le gusta manosear la carne cruda.

Se podría decir que hasta fines del Siglo XIX, las novelas se contaban en tercera persona y las autobiografías y las memorias en primera, pero eso ha cambiado. **Los límites de los géneros** se han vuelto difusos y sobre todo ha cambiado mucho la estructura narrativa de los géneros referenciales. David Foenkinos, un escritor joven que sigo desde hace unos años, es innovador, irreverente, siempre revelador y su escritura tiene humor y es fresca y profunda a la vez. Tiene varias novelas y biografías, estas últimas son diferentes a lo que estamos acostumbrados. Una es *Lennon*, la vida del famoso Beatle contada a través de las sesiones de Lennon con su psicoanalista, y la otra es *Charlotte*, "un libro comprometido en la lucha contra el olvido", según palabras de Foenkinos, que trata sobre la vida de una joven pintora alemana judía asesinada por los nazis. La biografía está escrita con oraciones cortas y, a primera vista antes de leerla, parece un largo poema. Ambas biografías tienen detrás una rigurosa investigación. Aprovecho para contribuir con la lucha contra el olvido diciendo que Charlotte Salomon fue una pintora autobiográfica que realizó, de 1940 a 1942, una obra de 1.300 guaches, algunos de ellos con texto, incluso con recomendaciones de la música adecuada para ver tal o cual pintura. Fue asesinada a los 26 años.

Para concluir con la tercera persona, falta describir al narrador que no tiene ningún poder especial, como un humano que solo puede narrar lo que ve, escucha, intuye o percibe. En ese sentido se trata de una narración en la que es necesario trabajar las descripciones y los detalles. Funciona como **una cámara de cine**. La crónica periodística se acerca a este tipo de narrador. Veamos un ejemplo en el cuento de Carson McCullers (tal vez una de las escritoras más cinematográficas), en el cuento *El jockey:*

> El jockey llegó a la puerta del comedor; después de un momento entró y se puso a un lado, quieto, con la espalda apoyada contra la pared. El local estaba lleno; era ya el tercer día de la temporada y todos los hoteles de la ciudad estaban repletos. En el comedor, unos ramitos de rosas de agosto habían dejado caer pétalos sobre los manteles blancos y desde el bar cercano llegaba un sonido de voces cálido y ronco. El jockey esperaba con la espalda pegada a la pared y observaba el comedor con ojos apretados, rugosos. Examinó la habitación y su mirada llegó hasta una mesa de la esquina de enfrente en la que estaban sentados tres hombres. Observando, el jockey levantó la barbilla y echó la cabeza hacia un lado; su cuerpo de enano se irguió rígido y apretó las manos con los dedos curvos hacia dentro como garfios de hierro. Así, en tensión, contra la pared del comedor, miraba y esperaba. Aquella tarde llevaba un traje de seda china verde bien cortado a medida y del tamaño de un disfraz de niño. La camisa era amarilla; la corbata a rayas, de colores pastel. Iba sin sombrero y llevaba el pelo cepillado hacia la frente en una especie de flequillo mojado y tieso. Su rostro era chupado, gris y sin edad. Había hoyos de sombra en sus sienes y sus labios se crispaban en una sonrisa forzada..

Ahora volvamos a los narradores que están dentro de la historia porque quedaron varios pendientes.

▶ El yo

Desde la primera persona se puede contar algo propio, algo de otra u otras personas, en estos casos nos referiremos a 'él, ella' o 'ellos', según corresponda. Incluso se puede contar algo que sucedió a un grupo al que se pertenece y en tal caso se usará el 'nosotros'.

Las distintas personas gramaticales se utilizan en función de lo que se quiere contar. Por ejemplo, escribo sobre una experiencia de mi infancia y la relato desde el *yo*, después paso a contar algo de mi abuela y utilizo el *ella* o su nombre de pila que es lo mismo y sigo con una situación que me involucra junto a varios de la familia, entonces utilizo el *nosotros* o cuento algo sobre mis compañeros de la escuela sin incluirme, es decir hablo de *ellos*.

Antes vimos el libro *Mamá, de* Jorge Fernández Díaz. Él es autor y narrador en primera persona, pero la protagonista principal es su madre, pese a que la historia comprende a varios miembros de la familia y a él mismo. No encontré en los reportajes que le han hecho por qué el libro no lleva el nombre de la protagonista sino del vínculo que determina la relación de la protagonista con el autor.

Ahora, para complicar un poco el tema, voy a referirme a cómo se puede **dar poderes a un narrador** que está dentro de la historia, dicho de otra forma, alguien que narra desde el 'yo'. Mujica Láinez lo hace cuando elige contar su vida a través de su perro Cecil. Recordemos que le otorga al perro/narrador el poder de hablar y sobre todo de saber qué siente y piensa su amo, a quien el perro llama 'El escritor'.

El perro Cecil habla en primera persona, está **dentro de la historia** pero no es el protagonista, si bien cuenta de dónde viene o se lamenta porque está celoso de la gata que vive en la casa. Entonces, el autor es Mujica Láinez, el narrador es Cecil y el protagonista es Mujica Láinez. Este tipo de narrador interno se llama narrador testigo.

Cristina Moreiras[*] escribió *Nuestros ancestros gallegos.* una familia en la que no faltaban los secretos. La autora decidió que su narrador testigo en primera persona fueran las casas donde habían vivido los protagonistas. Las casas tienen el poder de hablar pero solo saben lo que sucedió entre sus paredes. Nunca tan pertinente el viejo dicho "si las paredes hablaran" y tampoco casual que en esa parte de España las casas se conozcan por los nombres que suelen estar inscritos en el frente. Me gustan las historias de familia donde las casas o las ciudades narran o adquieren formas de protagonismo:

> LA CASA DE BAZADROA. El tiempo ha transcurrido, el mundo se transformó, la vida es diferente, puedo contar historias que guardé celosamente durante más de un siglo. Soy la casa más grande de la aldea de Alamparte, en medio de las montañas, me llaman la de Bazadroa, no sé por qué. Nunca pude saber bien si pertenezco a la provincia de Lugo o de Pontevedra, al Ayuntamiento nunca fui. Por aquí pasó mucha gente, algunos la habitaron, otros no. He sido testigo silencioso de sus vidas y he respetado sus secretos. Hoy puedo relatar momentos vividos en mis interiores y decir, por ejemplo, que aquí el amor no estuvo ausente, y que en su nombre se derramaron muchas lágrimas. Así lo verán al final de esta historia.

---

[*] Cristina Moreiras integra el Colectivo de autores de autobiografía, historia familiar y autoficción.

Otra autobiógrafa, Tuche Riesco, eligió al dios Cupido como narrador testigo para contar una historia de Capuletos y Montescos que habían vivido sus padres. Ella tenía y tiene buen manejo de la lengua, pero cuando trataba de narrar la historia de sus padres, nada la conformaba hasta que descubrió que podía contar una historia real a través de un narrador irreal, es decir, que **autor y narrador podían ser diferentes**. Esa fue la llave que le abrió la puerta. En pocos meses terminó *Una historia de tantas*, un libro de más de 300 páginas que fue publicado por sus sobrinos.

El dios Cupido tenía poder omnisciente podía viajar en el tiempo, estar en todas partes y también se le otorgó el poder de conversar con la autora sobre todo de los hechos que no estaban claros porque había distintas versiones en la familia.

Del capítulo: Cupido va a Asturias

> Salí del Centro Asturiano y fui a pasear un rato por la calle Florida, ¡linda ciudad, Buenos Aires! Me hubiera quedado unos días, pero tenía que ir a Asturias. ¿Qué estarían haciendo mis marionetas? Me dirigí a Soto de los Infantes, llegué al anochecer y me instalé en la ladera del monte Courio, frente a la casa de Josefa. Después de cenar la vi salir al balcón, se entretuvo mirando las estrellas, estaba contenta; esa tarde su sobrina Rosalía le había entregado una carta que había recogido al pasar por la estafeta de correos, la mandaba Servando, le contaba que estaba revisando los documentos que había dejado su padre y anunciaba que iría a Souto a visitarla dentro de dos semanas. Me alarmé, las cosas avanzaban demasiado rápido, aunque hubiera sido tonto que pensara que una mujer de 28 y un hombre de 37 perderían el tiempo en preámbulos propios de adolescentes.

En este fragmento, el narrador Cupido dialoga con la autora (en la publicación se muestra con una tipografía distinta al resto del libro separada por blancos activos*). Por esta particularidad, la autora, aparece en la historia con su propio nombre; a saber hay dos narradores en primera persona: Tuche y Cupido

> —Una historia bastante aburrida, ¿no te parece, Cupido? Mucho más interesante fue la de mis abuelos maternos.
> —Sí, pero estos eran vaqueiros, Tuche. Aquellos eran xaldos. Vivían en medios diferentes. Eso influyó en su carácter. Seguramente lo notaste en el de tus padres.
> —¡Por supuesto! Y si no supiera que las conoces, podría contarte unas cuantas anécdotas.

La que le da un giro particular al narrador testigo es Gertrude Stein, la famosa mecenas y escritora norteamericana que vivió en el París mítico de la preguerra. Para escribir sobre su propia vida eligió a su secretaria y amante Alice Toklas. En este caso no le confiere poderes especiales, pero sin duda encontró una manera de hablar bien de sí misma a través de un otro real pero a su vez inventado. El libro se llama *La autobiografía de Alice B. Toklas*, pese a que Toklas apenas tiene protagonismo, incluso la mayoría de las ediciones del libro lleva la foto o el dibujo de la autora y por supuesto el nombre de Gertrude Stein.

Dice la autora a través de Toklas, la narradora:

> Gertrude Stein me había invitado a cenar en su casa el sábado, que era la noche de la semana en que la visitaban todos sus amigos y conocidos, como efectivamente ocurrió en aquella ocasión. Pues sí, fui a cenar. La autora de la cena fue Hélène.

---

* Blanco activo es una espacio mayor que el punto y aparte. Ver página 173.

117

La fuerza del 'yo', narrar en primera persona, está en la empatía inmediata que provoca en el lector que se ve envuelto en la trama. Sobre todo porque el 'yo' está connotado con lo real y la verdad. Por esa fuerza, es cada vez más común que los escritores de ficción la utilicen en sus narraciones. Arthur Conan Doyle creó el narrador testigo más famoso de la ficción: Watson, el amigo del detective Sherlock Holmes (mi personaje de ficción favorito). Watson escribe en primera persona sobre el protagonista Holmes y logró darle tanta verosimilitud, hacerlo tan real para sus lectores que miles (me incluyo) cuando visitan Londres van hasta 223B Baker Street para ver la casa en la que vivió en la ficción y que jamás existió en la realidad. Más allá de la magistral composición del personaje logrado por Conan Doyle ¿cuánto habrá influido el acierto de usar la primera persona en esa época cuando eran pocos los que la usaban para narrar ficción?

El belga Georges Simenon, autor de más de 300 novelas, capaz de escribir 80 páginas diarias, fue el creador del célebre inspector de policía Maigret, un hombre grandote, impasible, sentimental con una eterna pipa en la boca y una esposa que le cocinaba y se preocupaba de que no tomara frío. Simenon era lo contrario, un desprejuiciado, conocido como el "amante de las 10.000 mujeres" por su voracidad sexual. En sus largas *Memorias íntimas*, realmente íntimas, habla de todo. Estas memorias son tan controvertidas como el propio autor y basta decir que generó que su ex mujer escribiera otra para rebatirlas. En una de sus novelas policiales, *Memorias de Maigret*, Simenon hace algo que sorprende a sus lectores: se retrata a sí mismo pero a través de los ojos de su personaje Maigret y lo hace en primera persona. Fascinante. El resultado es un libro que atrapa a quienes gustan de la ficción mezclada con lo autobiográfico. En esta novela se retrata como un joven novelista ambicioso, ansioso e intrusivo que se parece más al que debió ser que al que se muestra en sus memorias. En el libro se cuenta que Maigret debe enseñarle lo que sabe del oficio de policía a un joven novelista que quiere escribir sobre la institución policial con el fin de mejorar la mala imagen que tenía. El joven Simenon tiene el tupé de escribir sus novelas usando el nombre y las características del propio Comisario. Aquí un fragmento. Lo que se narra en primera persona es la voz del Comisario Maigret:

> Y todavía me parece estar viendo a Simenon llegando al despacho al día siguiente muy contento de sí mismo, con más seguridad —si fuera posible— que antes, pero con cierta pequeña ansiedad reflejada en su mirada:
>
> —¡Ya sé lo que va a decirme! —me lanzó tan pronto como yo intenté abrir la boca.
>
> Y andando de un lado a otro me empezó a decir:
>
> —Sé perfectamente que estos libros están llenos de inexactitudes técnicas. Sería tarea inútil intentar contarlas. Sepa usted que todas son intencionadas, y voy a decirle por qué.
>
> No tengo anotado todo su discurso, pero me acuerdo de la frase esencial, frase que a menudo me ha repetido después con una satisfacción rayana en sadismo:
>
> —La verdad nunca parece verdadera. No me refiero sólo a la literatura o a la pintura. No es preciso mencionar lo que ocurre con las columnas dóricas cuyas líneas nos parecen completamente perpendiculares y que dan esa impresión precisamente porque son ligeramente curvas. Si fueran rectas sería cuando las veríamos curvadas, ¿comprende?
>
> En esta época le gustaba todavía dárselas de erudito.

119

 Libros

Cecil, de Manuel Mujica Láinez

Mujica Láinez nació el 11 de septiembre en Buenos Aires y murió en su casa de Cruz Chica en Córdoba donde transcurre *Cecil*. Antes de leer este libro tan particular sobre él mismo, yo ya quería a este escritor por su *Misteriosa Buenos Aires*. No hay nada más porteño como este libro y el *Adiós, Nonino,* de Astor Piazzola.

En los 60, Mujica Láinez descubrió El Paraíso, un predio ubicado en la zona de Cruz Chica, provincia de Córdoba. El lugar lo enamora y se va a vivir ahí. En medio de un parque espeso había un caserón español, de los años 20. Allí llevará todos sus recuerdos y sus libros. *Cecil* fue lo primero que escribió en ese lugar.

Se trata de un libro del género autobiográfico que abarca desde la llegada de un perro a la casa hasta que comienza a escribir el libro *Cecil*, el 21 de febrero de 1972. A través de este libro recorre su vida desde que deja Buenos Aires y se instala en Córdoba. En la obra habla del apego que siente por El Paraíso, por los objetos que ha reunido a lo largo de su vida, también están presentes sus intereses literarios, por ejemplo hay una extensa historia de Heliogábalo, y está la necesidad de vivir en ese lugar retirado y silencioso para poder escribir.

La historia está contada en primera persona por un perro de raza whippet, Cecil. ¿Quién puede hablar de uno con amor incondicional? Por supuesto, un perro. Y este es el caso. El resultado es un libro cariñoso, tierno, que devela la intimidad del "Escritor" o "mi señor" (así lo nombra Cecil) desde una mirada complaciente.

A un escritor novel le resulta difícil separar el autor del narrador, esto se debe a que se sabe que una autobiografía es la propia historia contada por uno mismo. Es raro pensar que .la historia de uno la puede contar "otro" y que siga siendo una autobiografía. Cuando es otro aparece el concepto de narrador distinto del de autor que es propio de las obras de ficción.

En la autobiografía clásica siempre hay coincidencia entre autor, narrador y protagonista, pero han sido los escritores quienes aplicaron los recursos de la novela para contar sus propias vidas y es así que podemos encontrar autobiografías donde autor y narrador no son lo mismo. *Cecil* es el ejemplo más claro de la diferencia entre autor y narrador. Mujica Laínez creó un narrador distinto a él mismo para que cuente su historia personal. En este caso se trata de un narrador "testigo" (como el Watson de Holmes), es decir, alguien que narra desde el yo, en primera persona, pero no es protagonista principal de la historia porque lo que cuenta el perro, aunque dé algunos datos propios y haga referencia a su ser canino, es la vida del escritor. Repetimos: Mujica Laínez es el autor, Cecil es el narrador y Mujica Laínez es el protagonista.

Está escrita en pasado simple (pretérito indefinido) o sea los hechos son narrados cuando ya han ocurrido, pero están cerca en el tiempo. ¿Qué sabe el narrador Cecil? Sabe todo desde el momento que conoce al escritor, pero no conoce el futuro, además, como tiene el poder de saber lo que piensa y siente su amo, sabe de situaciones en la vida de Mujica Laínez anteriores a su llegada.

La estructura es sencilla, está dividido en 19 capítulos con títulos que invitan a la lectura: "Del amor", "Orgullo de Sir Cecil", "En la mente del Escritor", "Visita guiada", "Fracasos del Escritor", "Espectros de la literatura", El fantasma de Mr. Littlemore", "Primitivos señores", "Habitantes de la quinta", "Historia de la gata Sara", "Günter y Madame Pamela", "Aparición de Heliogábalo", "Oriente, Grecia y Roma", "Historia del emperador Heliogábalo", "Aquiles en la Isla de las Mujeres", "Pantomima musical de Aquiles", "Leonardo", "Dos visitas de la Reina Juana" y "Las cuevas pintadas".

En los primeros capítulos Cecil nos cuenta de dónde viene y cómo termina en la casona de Mujica Laínez y en el tercero nos explica cómo sabe todo del escritor:

> Debería explicar ahora cómo veo y leo con sus ojos; cómo me refugio en la mente del Escritor y observo lo que piensa. Sería explicar lo inexplicable. De todos modos, me arriesgaré a intentarlo.
>
> Yo creo que si se produce ese singular fenómeno, es por obra del amor. El amor, que hace de dos uno, ha logrado lo que nunca me atreví a esperar, o sea salvar la distancia inmensa que media entre él, su experiencia y sus conocimientos, y mi pequeñez. Claro que esa compenetración, esa unificación, no se obtuvo en seguida. Fue, como todo lo que se vincula con los sentimientos arduos y profundos, la consecuencia de un proceso, de un progreso. Al principio, era totalmente imposible para mí entender sus reacciones. Luego, poco a poco, las entendí y las compartí. El amor me secundaba, me franqueaba puertas, me llevaba adelante, me internaba más y más en el laberinto de su sensibilidad. Un día comprobé que cuando él miraba, yo miraba también; que cuando él leía, leía también yo; que cuando escribía,

seguía yo sobre el papel, aunque estuviera echado a su vera, el dibujo vacilante de las palabras. Por supuesto, el Escritor no podía percatarse de ello. Siempre hay uno que ama más, de los dos interesados, y en este caso me ha tocado a mí esa suerte o esa desventura.. [...] Él ignora que cuando me acurruco en el sillón Voltaire color ladrillo y lo vigilo con los párpados entreabiertos, me estoy quemando de amor. Soy así ¡qué puedo hacerle! Me estremezco por besarlo y desaparezco bajo una mesa.

Lo cierto es que un día verifiqué, atónito, vacilando entre el miedo y la felicidad, que me deslizaba en los meandros oscuros de su alma, como ando por los corredores y las salas del caserón de la quinta, y alcanzaba al taller por donde desfilan sus ideas vertiginosas. [...] Sí, me sitúo —reitero que tal vez por la magia del amor— en el cinematógrafo de su cabeza. Sé lo que sabe; soy testigo de lo que imagina; lo disfruto y lo sufro.

El último párrafo del libro remite al amoroso inicio:

Se volvió hacia mí, que temblaba y hacía relampaguear de gozo las piedras esmeraldinas del collar. Me acarició el lomo, la cabeza, el hocico y hasta los ojos en los que espejeaba el llanto. Luego tomó su vieja pluma y la tinta ennegreció las líneas leves. Contuve la respiración y lancé un suave ladrido amoroso, en tanto se armaba el párrafo inicial: «Creo que lo he fascinado y sé que él me ha fascinado también. Presumo que nos perteneceremos el uno al otro hasta que la muerte ocurra. ¿Cuál vendrá primero, desnuda, fría y alta, a visitarnos? ¿La suya, la mía? La mía, probablemente, pese a que él está lejos ya de ser un niño... »

123

▶Se viene la segunda

Cuando el narrador en primera persona, el 'yo', se dirige a alguien explícito estamos en lo que se conoce como "narrador en segunda persona". La segunda no es tan usual. Para entenderla, se debe tener presente que la primera persona está presente. La diferencia es que se trata de un 'yo' que se dirige a un 'vos/tu'. La forma más común de la segunda es la epistolar, es decir la carta.

La estructura epistolar se utiliza tanto para la ficción como para los géneros referenciales y no tiene mucho secreto. Lo que sigue pertenece a *Carta a mi madre,* de Georges Simenon.

Jueves, 18 de abril de 1974
Querida mamá:
Hoy hace tres años y medio, aproximadamente, que moriste, a la edad de noventa y un años, y tal vez hasta ahora no haya empezado yo a conocerte. Viví mi infancia y mi adolescencia en la misma casa que tú, contigo, y, cuando me separé de ti para trasladarme a París a la edad de diecinueve años, seguías siendo una extraña para mí.

Allá en la Patagonia, de María de Bamberg, es un libro epistolar que da cuenta de una familia alemana que vive en la Patagonia. Se trata de cartas reales pero bien podría usarse el mecanismo de la carta apócrifa para dar cuenta de una historia real.

Funciona igual que la primera persona la única diferencia es que explícitamente se dirige a un destinatario. Así, por ejemplo, en una carta se puede hablar de uno mismo, en tal caso el 'yo' es el protagonista de lo que se está escribiendo, o se puede contar algo concerniente al destinatario de la carta, en ese caso es el protagonista es el "vos/tu", o se pueden contar hechos referidos a una tercera o terceras personas.

La segunda no solo se usa para cartas, en la novela *Más liviano que el aire*, una anciana encierra en el baño a un joven que la quiere asaltar. La novela trata de lo que la anciana dice al joven durante los tres días que lo tiene encerrado. Las palabras del ladrón aparecen solo a través del discurso de la anciana. Otro ejemplo, es la biografía *Lennon* que antes mencioné. La voz del músico dirigiéndose a su psicoanalista es la única que se escucha en el libro.

Hay otra forma de la segunda persona, podría decirse más literaria, que es cuando el discurso está dirigido al propio yo, es hablarse a sí mismo, como un desdoblamiento de la personalidad, un interlocutor dentro del mismo personaje. Este narrador ha sido utilizado por Cortázar creando cierto clima de misterio acerca de la identidad del narrador como en el cuento *Graffitty* y por Silvina Ocampo en *Pecado Mortal*, un conmovedor relato autobiográfico:

> En el ascensor, cuando la niñera te llevaba al cuarto de juguetes, repetidas veces viste a Chango que entraba en el recinto vedado, con mirada ladina, el cigarrillo entre los bigotes, pero más veces aún lo viste solo, enajenado, deslumbrado, en distintos lugares de la casa, de pie arrimándose incesantemente a la punta de cualquier mesa, lujosa o modesta (salvo a la de mármol de la cocina, o a la de hierro con lirios de bronce del patio). "¿Qué hará Chango, que no viene?" Se oían voces agudas, llamándolo. Él tardaba en separarse del mueble. Después, cuando acudía, naturalmente nadie recordaba para qué lo llamaban.
>
> Tú lo espiabas, pero él también terminó por espiarte: lo descubriste el día en que desapareció de tu pupitre la flor del plumerito, que adornó más tarde el ojal de su chaqueta de lustrina.

125

Paul Auster escribió en segunda dos autobiografías: *Informe del interior* y *Diario de invierno*. De esta última:

> Con objeto de hacer lo que haces, necesitas caminar.
> Andando es como te vienen las palabras, lo que te permite oír su ritmo mientas las escribes en tu cabeza. Un pie hacia delante, y luego el otro, el doble tamborileo de tu corazón. Dos ojos, dos brazos, dos piernas, dos pies. El acto de escribir empieza en el cuerpo, es música corporal, y aunque las palabras tienen significado, pueden a veces tener significado, es en la música de las palabras donde arrancan los significados.
> Te sientas al escritorio con objeto de apuntar las palabras, pero en tu cabeza sigues andando, siempre andando y lo que escuchas es el ritmo de tu corazón, el latido de tu corazón. Mandelstam: "Me pregunto cuántos pares de sandalias gastó el Dante mientras trabajaba en La Divina Comedia"
> Escribir es una forma menor de la danza.

▶ Y ahora mezclamos

Puede haber más de un narrador, como vimos en el caso de Tuche y Cupido. Una historia puede tener tantos narradores como se quiera, eso sí, se trata de **no confundir al lector**. Cualquier combinación es válida. Narrador omnisciente, protagonista, testigo, etc. Los narradores pueden relatar la historia en varias voces: primera persona, tercera persona o en plurales.

La novela *Los cachorros,* de Mario Vargas Llosa, tiene dos narradores que alternan entre sí. Un narrador omnisciente que lo sabe todo de los muchachos que estudian en el Colegio Champagnat y relata la historia desde fuera de la novela, refiriéndose a los muchachos como 'ellos'. El otro narrador es un testigo de la acción, es uno de los muchachos del grupo, pero no el protagonista de la novela. Este testigo desde dentro de la novela relata lo que pasó en el colegio. Se refiere al grupo de los muchachos, del que forma parte, como 'nosotros'. Los dos narradores alternan aun dentro de una sola frase. Se puede constatar a través de los verbos conjugados en la tercera persona plural y en la primera persona plural.

> Todavía llevaban {tercera plural/ellos} pantalón corto ese año, aún fumábamos {primera plural/nosotros}, entre todos los deportes preferían {tercera plural/ ellos} el fútbol y estábamos {primera plural/nosotros}, aprendiendo a correr olas, a zambullirnos {primera plural/ nosotros} desde el segundo trampolín del «Terrazas», y eran {tercera plural/ellos} traviesos, lampiños, curiosos, muy ágiles, voraces. Ese año, cuando Cuéllar entró {tercera singular/él} al Colegio Champagnat.
>
> Hermano Leoncio, ¿cierto que viene uno nuevo? ¿para el «Tercero A», Hermano? Sí. El Hermano Leoncio apartaba {tercera singular/él} de un manotón el moño que le cubría la cara, ahora a callar.

Fleur Jaeggy, una suizo italiana que vivió en la Argentina, tiene este tipo de juegos en sus libros, niega que sus cuentos sean autobiográficos, por más que los hechos coincidan con su vida. En *Proleterka,* en el que se narra un viaje en barco de un padre con su hija, no solo combina narradores, también cambia constantemente la línea del tiempo.

> Unos meses después, la hija de Johannes estaba en primer curso {tercera}. Aprende a cantar. Muere el padre de uno de los niños. El del que más se esfuerza en el coro, tiene siete años. «Du hast deinen Vater verloren», sentencia la hija de Johannes. Has perdido a tu padre. El niño posee una mirada melancólica. La visión del padre le oscurece el iris. Las palabras desfilan ante sus ojos como en una pantalla, sin conmoverlo. «Sí, sí», dice distraídamente el niño, ensimismado. «Has perdido a tu padre.» Es una cantinela. La rigidez de la mirada del niño

tiene algo de remoto. Eso excita a la hija de Johannes. El niño no reacciona. Responde tranquilo, monótono y triste: «Sí, sí». Como si el dolor estuviera hecho de paciencia, cordura, afirmación de lo irremediable. «Has perdido a tu padre.» «Sí», repite el niño, como un autómata. Un sí átono, desnudo. El niño mira hacia otra parte. Para no ver más las palabras. Ya no contesta. En ese momento advierto {cambio a primera} una herida, un espasmo doloroso. La percepción de qué es hacer el mal. Infligir deliberadamente el mal. La cognición del mal. El dolor sin palabras del niño me iluminó. Le tomo de la mano. Una mano inerte, que acepta la mía. Trato de pedir perdón, no puedo. El conocimiento es el único perdón, pienso, que puede obtenerse.

Siempre hay un narrador (o narradores) mejor que otro, todo depende de la historia que se quiera contar. Es aconsejable hacer borradores hasta encontrar el más adecuado.

El tema de los narradores es **inacabable**. Hasta pasada la mitad del siglo XIX no había diferencia entre autor y narrador; el escritor se involucraba en la historia con el poder de la omnisciencia juzgando a sus pobres personajes que no podían defenderse. Ya en el XX, los escritores se empeñaron en separarlos totalmente y en el XXI, como consecuencia de estos tiempos de individualidad y del menor ascendiente de la ficción, autor y narrador vuelven a unirse pero mezclando lo real y lo fabulado. En fin, la literatura no hace otra cosa que **reflejar la época**.

Ejercicios 7

7.1. Escribir en primera persona una experiencia personal El "yo" será la voz principal, y tener en cuenta que cuando hables de otras personas usarás el "él" o el "ella" o el plural cuando te refieras a varias. Después, escribir lo mismo en tercera persona y leer los dos relatos en voz alta (a un amigo o colega) y registrar qué sensación provoca.

7.2. Escribir una carta a un amigo contando algo que le ocurrió a otro amigo.

7.3. Escribir una historia en primera persona como testigo no como protagonista. Por ejemplo, las circunstancias del nacimiento de un hijo, de un nieto o de un sobrino.

7.4. Elegir un objeto que cuente su historia en primera persona. Por ejemplo: el primer auto, la cama, un zapato, el baúl del abuelo, un perfume.

7.5. Escribir un texto dirigiendote a vos mismo. Por ejemplo, alentándote a hacer algo que hace años querés hacer pero lo postergás sin saber muy bien por qué o para preguntarte acerca de determinada decisión.

7.6. Seleccionar tres libros de narrativa de la biblioteca propia o tres e–book o tres en las librerías que ofrecen hojear libros mientras se toma un café y descubrir en cada uno quién narra la historia..

7.7. Hacer una lista de libros, pinturas y películas preferidas.

La escritura del yo, un poco de historia

Decidí dedicar un apartado a una breve historia de la autobiografía y de paso repasar los prejuicios acerca de este género, sobre todo porque generan inseguridad o culpa en quienes nos dedicamos a cultivarlo.

Se afirma que escritor es quien escribe novelas y que la autobiografía es para aficionados. Se asocia a quien escribe sobre la propia experiencia con Narciso mirándose en el lago. Convengamos que existe el convencimiento popular de que la autobiografía, generalmente escrita por un *ghost*, es solo para ricos y famosos y que el uso del yo no está muy bien visto en los ámbitos públicos ni en los privados. El Yo creo, Yo pienso, Yo opino, son formas que generan crítica y reprobación social.

A la Argentina, que como Narciso suele mirarse mucho en el lago, le cuesta asimilar que desde las últimas décadas del siglo XX, la novela, hija toda de la imaginación, y la autobiografía, hija toda de la realidad, cambiaron posiciones. La vida es cambio y la lengua, la literatura o las formas del saber expresan la realidad de cada tiempo histórico. En otra época sucedió algo parecido con la poesía cuando tuvo que dejar su lugar a la novela.

A este género que, en sus inicios pecaba de frivolidad, le llevó un par de siglos alcanzar su pináculo entre 1940 y 1970. El fanatismo de esos años entre quienes tenían algún tipo de relación con la escritura –periodistas, editores, dueños o empleados de librerías, guionistas– por convertirse en novelistas era tal que el periodista y escritor Tom Wolfe lo describió como una especie de fiebre cerebral.

El cambio de posiciones no es sencillo de comprender

porque, por un lado, la novela se devalúa en tanto la ficción pierde su lugar de privilegio frente a los "hechos reales" y por otro, la autobiografía gana posiciones porque utiliza los recursos de la novela, incluida la imaginación. No es casual que en 1977 aparezca por primera vez la palabra 'autoficción', una corriente literaria que trastoca creativa y críticamente los principios y fronteras entre autobiografía y novela.

Hoy no son pocos los que critican la fusión de la memoria y la imaginación, el hecho y la ficción, profetizando que la disolución de las diferencias de género es un síntoma del colapso de la sociedad. No lo sé. Si sé que ya no hay géneros puros, todos son híbridos lo que me parece bien porque queda claro que no hay un género mejor que otro. Hay libros bien escritos o mal escritos, no importa si son de ficción o basados en hechos reales y tampoco si el autor es un escritor profesional o un aficionado.

Antes de ir a la historia prometida, veamos el significado de la palabra autobiografía: se basa en tres lexemas de origen griego: $\alpha\upsilon\tau o\zeta$, uno mismo, $\beta\iota o\zeta$, vida y $\gamma\rho\alpha\varphi\eta$, escritura. Podría traducirse como una historia de vida escrita por su protagonista. El antecedente es la biografía, que era una forma aceptada de narrar los acontecimientos más importantes en la vida de alguna personalidad destacada por sus hechos y hazañas. La palabra aparece por primera vez a principio del siglo XIX en Inglaterra.

Es época de cambios. El Renacimiento ha posibilitado dejar atrás la idea de Dios como centro del universo y el hombre ha tomado conciencia de su singularidad. El poder de la razón se eleva por encima del de la fe y la superstición. La persona, no la Iglesia, es árbitro de los valores morales.

La Revolución Industrial llegará para cambiar las reglas

de juego en Occidente y será un tiempo propicio para la aparición de las primeras historias personales. Historias que ya no se escriben como alabanza a Dios sino como expresión de la propia individualidad. Goethe en Alemania, Jean–Jacques Rousseau en Francia son los exponentes más renombrados en este género que se extiende por Occidente. Avanzado el siglo aparecen en la Argentina importantes autobiógrafos como Domingo Faustino Sarmiento (él prefiere ser considerado historiador) autor de *Recuerdos de provincia*, *Viajes por África, Europa y América*, o Miguel Cané autor de *Juvenilia*.

El libro que para los estudiosos marca el inicio del género autobiográfico, en tanto reúne unas características que se consideran propias de este tipo de escritura, es *Confesiones* de Jean–Jacques Rousseau publicado en 1771. Antes, este autor había escrito dos libros icónicos de la época: *El Contrato Social* que marca las nuevas reglas de convivencia ciudadana y *Emilio* o *De la educación* acerca de la manera de educar al ciudadano ideal.

Dice Rousseau en los primeros párrafos de sus *Confesiones:*

> Emprendo una obra de la que no hay ejemplo y que no tendrá imitadores. Quiero mostrar a mis semejantes un hombre en toda la verdad de la Naturaleza y ese hombre seré yo.
>
> Sólo yo. Conozco mis sentimientos y conozco a los hombres.
>
> No soy como ninguno de cuantos he visto, y me atrevo a creer que no soy como ninguno de cuantos existen. Si no soy mejor, a lo menos soy distinto de ellos. Si la Naturaleza ha obrado bien o mal rompiendo el molde en que me ha vaciado, sólo podrá juzgarse después de haberme leído.
>
> Que la trompeta del Juicio Final suene cuando quiera; yo, con este libro, me presentaré ante el Juez Supremo y le diré resueltamente:

He aquí lo que hice, lo que pensé y lo que fui. Con igual franqueza dije lo bueno y lo malo. Nada malo me callé ni me atribuí nada bueno; si me ha sucedido emplear algún adorno insignificante, lo hice sólo para llenar un vacío de mi memoria. Pude haber supuesto cierto lo que pudo haber sido, mas nunca lo que sabía que era falso. Me he mostrado como fui, despreciable y vil, o bueno, generoso y sublime cuando lo he sido. He descubierto mi alma tal como Tú la has visto, ¡oh Ser Supremo! Reúne en torno mío la innumerable multitud de mis semejantes para que escuchen mis confesiones, lamenten mis flaquezas, se avergüencen de mis miserias. Que cada cual luego descubra su corazón a los pies de tu trono con la misma sinceridad; y después que alguno se atreva a decir en tu presencia: "Yo fui mejor que ese hombre."

Rousseau piensa que sus memorias serán interesantes no por los hechos narrados sino por la franqueza con la que están escritas. Su obra es de una veracidad sin precedentes. Así admite que robó y permitió que una criada cargara con la culpa, confiesa que no ayudó a su benefactor cuando tuvo un ataque en la calle, revela intimidades de la relación con su amante Madame d'Epinay y acepta que envió a cinco de sus hijos a un hospicio, pactando que nunca se le hablara de ellos, un hecho que Voltaire había hecho público años antes.

Es necesario ir hacia atrás en el tiempo porque a lo largo de toda la Edad Media se escriben libros que tienen la forma de la confesión, pero se trata de la forma cristiana de confesar los pecados con el fin de ser perdonados y ganar el cielo. En el año 399 d.C., San Agustín, un pecador, escribe sus *Confesiones* en donde detalla sus fechorías con el solo fin de contar cómo encuentra el camino de su salvación. Este tipo de autobiografías, sobre todo de monjas, son escritas a pedido de la Iglesia para erigirse en modelos de llegar a

Dios. Esta escritura dominará por 14 siglos pero alrededor del 1530, el escultor Benvenuto Cellini escapa de esta tendencia y escribe la primera autobiografía no religiosa en la que relata sus huidas de prisión, aventuras e intrigas. Muy valiosa para conocer la vida política, social y eclesiástica del siglo XVI. Este libro no influye en su época, posiblemente porque no fue publicado hasta mucho tiempo después de escrito.

Historias de la propia vida se escriben desde siempre. Entre las primeras que se conocen están las halladas en tumbas egipcias alrededor del año 3000 a.C. El faraón era enterrado con sus objetos personales y con los relatos de su vida escritos en tablillas y paredes. Eran textos de alabanza personal en primera persona. La historia más completa hallada en Egipto es la de Ahuri. Se trata de algo fuera de los cánones de su tiempo porque está narrada por una mujer y porque se recurre a la ficción. La historia está contada, después de muerta Ahuri, por su espíritu en primera persona. Es la hija del faraón y **está enamorada de su hermano.** Después de convencer a su padre, que no estaba de acuerdo con esa unión, se casa con su amor y tiene un hijo.

El marido de Ahuri es el príncipe Neferkaptah, un joven obsesionado con el *Libro de Thoth* que contiene todos los secretos de los diversos mundos. Para apoderarse de él se sumerge en el Nilo, lucha con serpientes, escorpiones y todo tipo de reptiles y lo consigue, pero Thoth, enojado, mata a Ahuri y al hijo de ambos. El príncipe se suicida y es enterrado con el libro.

Varias generaciones después otro joven llamado Setne Khamwas, hijo de Ramsés, profana la tumba de Neferkaptah para robar el libro prohibido, es entonces cuando aparece el espíritu de Ahuri y cuenta su historia. Solo como curiosidad escuchemos su voz que tiene más de 4500 años:

Fui llevada como esposa a la casa de Neferkaptah esa noche, y el Faraón me envió un regalo de plata y oro, y toda la casa de Faraón me envió regalos. Neferkaptah hizo vacaciones conmigo y él entretuvo toda la casa de Faraón. Él durmió conmigo esa noche y me encontró agradable. Se durmió una y otra vez, y nos amábamos.

Dejemos el pasado tan pasado (a veces me pierdo en las historias de la historia, la de Ahuri me fascinó más allá de que ese nombre es totalmente familiar porque suena como siempre he escuchado pronunciar –mal– mi apellido) y vayamos a la gran transformación del género.

Los orígenes burgueses no impidieron que la autobiografía se transformara en el medio expresivo de otras clases sociales y de todo tipo de individuos. En Europa, mujeres empobrecidas ganaban algo de dinero escribiendo confesiones sobre sus indiscreciones sexuales; en EE.UU. las mujeres raptadas por los indios confesaban sus penurias en el afán de ser **aceptadas por la sociedad**; los exesclavos narraban su desgracia aunque con grandes omisiones, al igual que las sufragistas, en la esperanza de lograr la aceptación de sus reivindicaciones.

Son estos pioneros los que sentaron las bases de una forma de literatura que en el siglo XX expresará a las minorías y a los marginados que descubren un medio para dejar constancia de su presencia como individuos y de los valores que alentaron sus luchas para encontrar un lugar en la sociedad. Escriben inmigrantes, ateos, veteranos de la guerra, deportistas, enfermos físicos o emocionales, prostitutas, aborígenes, cantantes, bailarines, **sobrevivientes** de campos de concentración en Europa y campos de detención en América, trabajadores sociales, activistas, sacerdotes, sirvientes, homosexuales, enfermeras, convictos, obreros.

Después de esta irrupción masiva de autores sin oficio, en los años 70, el teórico Philipe Lejeume elaboró una lista de los pecados capitales que se cometían en la narración autobiográfica: **escritura estereotipada,** abuso de anécdotas, reconstrucción detallada e inverosímil de escenas y diálogos, inserción de partes del diario íntimo sin elaborar, la inclusión de textos de la Web sin elaborar, listas de antepasados y parientes al principio del libro, relatos de viaje con exceso de detalles, recuerdos que no vienen al caso, enumeración de nombres propios, relatos narrados demasiado rápido y ocultación de la verdad.

Entre las virtudes destaca la melancolía, el reconocimiento de errores y fracasos, la comunicación afectiva con el lector desde el inicio, los detalles característicos y originales de la época o de la personalidad, el punto de vista coherente, siempre y cuando sea original, el marco de referencia personal de la historia y la impresión de progresión o de **cambio en el protagonista.**

Desde lo estético son los **escritores bohemios,** marginales, rebeldes los que crean las nuevas formas de la autobiografía tanto desde la creatividad como por la incorporación de técnicas de ficción en la forma tradicional de contar la propia historia. Gertrude Stein o Henry Miller, en las primeras décadas del siglo XX, abren el camino a obras inolvidables como *Raíces* de Alex Haley o *Miedo a volar,* de Erica Jong, y las más recientes de escritores como Paul Auster, John Maxwell Coetzee, Alice Munro o Fleur Jaeggy y también a best sellers mundiales como *El lobo de Wall Street,* de Jordan R. Belfort.

A lo largo de mi vida he sido lectora de todo tipo de géneros y nunca consideré uno mejor que otro. Los libros me gustan o no. Tal vez porque siempre leí lo que cayó en mis manos:

los primeros fueron de la biblioteca de la escuela primaria, un cajoncito lleno de libros; después fueron fascículos de libros clásicos que llegaban al barrio con el repartidor de diarios; en la secundaria me los prestaba mi compañera de banco, cuya tía era profesora de literatura y, finalmente, fueron los de la Biblioteca Pública Bernardino Rivadavia de Bahía Blanca, hasta que pude comprar mis propios libros. Hoy leo sobre todo autobiografías, biografías y ensayos. Las novelas las escucho a través de audiolibros. Respecto de esto último como todavía no hay mucha literatura en este soporte, escucho lo que hay disponible y así descubro escritores que jamás hubiera elegido en papel. Siempre es sorpresa.

Lo más **conmovedor que he leído** sobre el fenómeno autobiográfico fue en una novela de ficción: ***1984***, de Orwell. Winston, el protagonista, un hombre gris, triste triste triste, descubre que sentado en un hueco, posiblemente creado para una alacena o biblioteca, queda fuera del alcance de la telepantalla de Gran Hermano. El poder que todo lo controla no puede verlo mas sí oír sus ruidos. Allí, en ese lugar, temiendo que el sonido de sus intestinos lo delate se propone escribir su Diario. Es e**l primer acto de rebeldía frente al totalitarismo.** Winston sabe que corre el riesgo de ser condenado a muerte y pese a que casi no se acuerda cómo se escribe a mano logra hacerlo en un libro de hojas en blanco que compró en el mercado negro siguiendo un impulso. La escena:

> El acto trascendental, decisivo, era marcar el papel. En una letra pequeña e inhábil escribió: 4 de abril de 1984
>
> Se echó hacia atrás en la silla. Estaba absolutamente desconcertado. Lo primero que no sabía con certeza

era si aquel era, de verdad, el año 1984. Desde luego, la fecha había de ser aquella aproximadamente, puesto que él había nacido en 1944 o 1945, según creía; pero, «¡cualquiera va a saber hoy en qué año vive!», se decía Winston.

Y se le ocurrió de pronto preguntarse: ¿Para quién estaba escribiendo él este diario? Para el futuro, para los que aún no habían nacido. Su mente se posó en la fecha que había escrito a la cabecera y luego se le presentó, sobresaltándolo, la palabra neolingüística doblepensar. Por primera vez comprendió la magnitud de lo que se proponía hacer. ¿Cómo se comunicaría con el futuro? Era imposible por su misma naturaleza. Una de dos: o el futuro se parecía al presente y entonces no le harían ningún caso, o sería distinto y, en tal caso, lo que él dijera carecería de sentido para ese futuro.

Durante algún tiempo permaneció contemplando estúpidamente el papel. La telepantalla transmitía ahora estridente música militar. Es curioso: Winston no sólo parecía haber perdido la facultad de expresarse, también había olvidado de qué iba a ocuparse. Varias semanas se había preparado para este momento y no se le había ocurrido pensar que se necesitara algo más que atrevimiento. Expresarse por escrito, creía él, le sería fácil. Sólo tenía que trasladar al papel el interminable e inquieto monólogo que desde hacía años le corría por la cabeza. Sin embargo, el monólogo se le había secado. Además, le picaban las varices y no se atrevía a rascarse porque se le inflamaban. Los segundos transcurrían y él sólo tenía conciencia de la blancura del papel ante sus ojos, el absoluto vacío de esa blancura, el escozor de la piel sobre el tobillo, el estruendo de la música militar y una leve sensación de atontamiento producido por la ginebra.

De repente, empezó a escribir con gran rapidez, como si lo impulsara el pánico, dándose apenas cuenta de lo que escribía. Con su letrita infantil trazaba líneas torcidas y hasta «se comía» las mayúsculas [...]

▶ De Rousseau a Facebook

Las narraciones de la propia vida no pueden ser catalogadas o clasificadas sobre todo porque la vida es **cambiante, única e irrepetible** y porque además están sometidas a la época y a la cultura de la comunidad en la que ocurren. Son muchas las maneras en que lo autobiográfico puede presentarse.

Las autobiografías, narraciones centradas en la vida del autor, son las más representativas del género autobiográfico. En su forma más pura no importa la cantidad o el tipo de hechos narrados sino el sentido que esa vida ofrece. La autobiografía evoca un pasado en el presente a través de una reinterpretación de lo vivido. Es la expresión más íntima del ser. El resultado de la obra suele ser una negociación que el protagonista hace entre lo que **quiere ser, como cree ser y lo que pudo haber sido**.

Las memorias son narraciones en las que el contexto es más relevante que lo individual. Son menos profundas y reflexivas sobre lo vivido que la autobiografía. *Crónica personal,* de Joseph Conrad, describe los hechos externos de su vida, algunas opiniones y recuerdos de amigos, sin hacer ningún tipo de reflexión. El protagonista se presenta en calidad de **testigo de su tiempo.**

Las confesiones son narraciones en las que prevalece un examen de conciencia y el reconocimiento de las acciones realizadas. Es el relato íntimo de aquello sobre lo que no se suele hablar en público. Las confesiones buscan la comprensión de los otros. Eugenio D'Ors las ha clasificado comparando tres mendigos: los que piden compasión y muestran las llagas (Rousseau); los que piden compasión y no muestran las llagas y los que muestran las llagas sin pedir compasión.

Los diarios expresan lo cotidiano y no tienen el distanciamiento de los anteriores. Es una escritura que se mueve en el presente, lo que implica cierta pérdida de perspectiva. No hay plan y puede reflejar grandes y pequeños acontecimientos sin orden salvo el cronológico, que marca el día en que se escribe. En la mayoría de los casos es una literatura que surge en períodos de crisis personales o sociales. Desde el cambio de siglo el tradicional diario íntimo se ha trasformado en bitácoras, *Weblogs, blogs*, diarios de navegación hasta llegar a las populares Facebook e Instagram.

Los epistolarios son colecciones de cartas recibidas por una persona o las enviadas entre dos. Hay cartas reales, apócrifas y ficticias y, como hemos visto, son un recurso literario para cuentos y novelas. La **carta es una de las formas más antiguas de la expresión** escrita que se remonta al tiempo de los escribas en el antiguo Egipto. Las cartas han sido y son estudiadas como fuente de distintas disciplinas y en los últimos años han adquirido valor como un género literario en sí mismo.

La correspondencia entre escritores, políticos e intelectuales era bastante común. Desde lo literario, algunas son buscadas por los lectores como las "cartas de amor" que se han salido del molde y convertido en tema de concursos literarios. Las correspondencia íntima entre Anaïs Nin y Henry Miller es de las más conocidas y también la que mantuvo Flaubert con su amante mientras escribía Madame Bovary. Una muestra de la vigencia de este tipo de cartas es que a la casa de la Julieta de Shakespeare, en Verona, llegan miles de cartas de amor.

Las Carta a los **Reyes Magos o Papá Noel** son otras que despiertan interés. La que recomiendo leer son las *Cartas de Papá Noél* que J. R. R Tolkien le escribió a sus hijos desde que eran muy pequeños. Por 23 años escribió cartas manuscritas como si él fuera Papá Noél. Hay una edición preciosa que incluye dibujos hasta de las estampillas del Polo Norte. Las cartas originales forman parte de la Biblioteca Bodleian de Oxford.

Hay cartas abiertas, dirigidas al público con una petición o crítica, como la famosa *Yo acuso* de Emile Zola; cartas apócrifas que se atribuyen de manera falsa a un personaje célebre; ficticias que escriben los personajes de una novela; las cartas proemio que se escriben como prólogo de un libro.

Los relatos de viajes son otra modalidad que se ha practicado en todas las épocas y que en la actualidad tienen una demanda en crecimiento. La mayoría de las grandes obras de la literatura universal son libros de viajes. *La Eneida, La Divina Comedia, El Quijote*, incluso *La Biblia* tiene partes importantes relacionadas con viajes. Viaje y vida son, en cierto sentido, sinónimos.

La característica es que son relatos sobre hechos concretos en los que prevalece la modalidad descriptiva por sobre la narrativa. La escritora argentina Hebe Uhart logra en sus narraciones de viaje una buena amalgama literaria.

En sus talleres aconseja encontrar la perspectiva personal porque ahí es donde está el valor de una crónica de viaje; evitar las generalizaciones, para lo cual se debe prestar atención a los detalles; utilizar todos los recursos de la literatura y saltar las barreras de los géneros. Destaca que cualquier lugar es digno de ser contado: la propia ciudad, el barrio, el mercado. Siempre prestar atención al lenguaje y a las costumbres del lugar. Investigar las raíces históricas de los dichos y saber mirar todo, los carteles, los *graffitis*, cómo es el uso del espacio, la vestimenta. Estar atento a colores, olores, sabores y sobre todo estar atento a lo distintivo.

Las agendas son como los diarios pero centradas en lo público. Tiene relación con las actividades más que que con los sentimientos. No le había prestado demasiada atención a este subgénero hasta que leí el último *Diario* de Sándor Márai. Allí cuenta que su esposa tenía **100 agendas** escritas hasta el día en que murió, en las que registró en detalle lo ocurrido día a día en su vida. La lectura de esas agendas le permitió al escritor seguir con ella y transitar el duelo por su muerte. Escribió un su *Diario 1984–1989*: "Durante décadas lo anotó todo sin excepción, los hechos cotidianos, ya fueran importantes o irrelevantes. Es su **regalo desde el más allá**. Como si todos los días recibiera una carta de ella".

Cuando murió mi abuelo materno encontramos decenas de diminutas agendas anuales y las tiramos sin mirar.

Los autorretratos tienen un origen en la pintura. La palabra autorretrato remite a Frida Kahlo o Vincent van Gogh quien pintó más de 30 entre los años 1886 y 1889. En la literatura el autor incluye aquello que lo caracteriza. Es una descripción sobre uno mismo y no se limita solo a la apariencia física. Está focalizado en un determinado tiempo, por lo común el presente. Entre los más famosos está el de Vinicius de Moraes y el de Miguel de Cervantes que transcribo a continuación:

Este que veis aquí, de rostro aguileño, de cabello castaño, frente lisa y desembarazada, de alegres ojos y nariz corva, aunque bien proporcionada, las barbas de plata, que no ha veinte años que fueron de oro, los bigotes grandes, la boca pequeña, los dientes ni menudos ni crecidos, porque no tiene sino seis, y esos mal acondicionados y peor puestos, porque no tienen correspondencia los unos con los otros; el cuerpo entre dos extremos, ni grande ni pequeño, la color viva, antes blanca que morena, algo cargado de espaldas y no muy ligero de pies; este digo que es el rostro del autor de La Galatea y de Don Quijote de la Mancha.

La novela autobiográfica es, en principio, la narración de la propia vida utilizando técnicas de la ficción. Algunas se inclinan más hacia lo realidad de lo vivido como *Las cenizas de Ángela* de Frank McCourt, *Papillon* de Henri Charriere, y la mencionada *Raíces*, y otras mezclan lo biográfico con la fantasía como *El Amante de China Norte* de Marguerite Duras o *Miedo a Volar*, de Erica Jong.

El yo ficticio se construye de dos maneras: en una el **escritor aspira a hablar de sí mismo**, utiliza su biografía o parte, pero se sirve de un personaje imaginario para ocultar o disfrazar su persona; en la otra crea la historia, la trama y el personaje con la lógica y los sentimientos del autor.

Dentro de las novelas autobiográficas están aquellas cuyos autores recurren a un álter ego. Ernest Hemingway escribió sobre su vida en varias narraciones a través del personaje Nick Adams; Esther Greenwood es el álter ego de Sylvia Plath en la única novela que escribió, *La campana de cristal*. Entre autores más contemporáneos tenemos a Arturo Belano, el álter ego del escritor chileno Roberto Bolaño y a Fernández el de Jorge Fernández Díaz.

Otras modalidades menos comunes del género autobiográfico son: poemas autobiográficos, apologías, conversaciones, testimonios, entrevistas de vida, crónicas, ensayos autobiográficos. En los últimos tiempos se han creado cantidad de neologismos: autonovela (una reflexión sobre uno mismo a través de otros personajes), heterobiografía (autobiografía escrita por otra persona), multibiografía (escrita por varias personas), autoginografía (término acuñado por las feministas para designar la autobiografía escrita por mujeres) y la que se ha convertido en la de mayor notorierdad: la autoficción, una **mezcla entre la realidad y la ficción**.

A este panorama se suman las formas que llegaron con la tecnología desde la grabación magnetofónica, el documental en vídeo y las que continuamente prevé la Web: páginas personales, blogs y las tan famosas Facebook e Instagram.

Los blogs* fueron una evolución de los diarios en línea que comenzaron a mediados de los 90. Eran espacios en la www dedicados a expresar opiniones, sentimientos y experiencias. En los blogs, los textos son presentados en orden cronológico inverso, es decir, lo más reciente que se ha publicado es lo primero que aparece en la pantalla. Navegar por este tipo de blogs es leer un diario personal.

Lo que alguna vez fue un cuaderno cerrado con pequeño candado que custodiaba los secretos del autor, hoy son aplicaciones *on line*. Una se presenta así: "Es la

---

* Blog: La palabra *blog* se refiere a una página de Internet en la cual se publican artículos periódicamente en orden cronológico. El término *blog* viene del inglés. Es una contracción de:" *world wide web* (www). es decir, el registro/diario {*Jog*} de la telaraña {*web*} del mundo (*world*) ancho (*wide*). En 1997, el escritor estadounidense, Jorn Barger (1953 –), acuñó el término *Weblog*, o sea el diario (log) de la telaraña. Dos años más tarde, Peter Merholz. dividió *Webíog* en *we* (nosotros) *blog*. http://etimologias.dechile.net/?blog

mejor aplicación pues se centra en la privacidad de tus pensamientos o escritos, aunque también se pueden compartir en línea a través de correo electrónico o en un enlace que puedes publicar de forma anónima. Permite sincronizar con tu *smartphone* y tu computador, pero esta opción sólo está disponible para las cuentas Pro". Otra: "Esta aplicación permite a los usuarios escribir de una forma eficaz y divertida sus pensamientos y vivencias. Además, permite organizar horarios y calendarios".

La diferencia sustancial con su antecedente en papel es que dejó de ser íntimo. Aun cuando los soportes *on line* otorgan la opción de privacidad, por lo general, los blogs son públicos y pueden recibir comentarios de los lectores. Pero lo inesperado, cuando este fenómeno se hizo popular fue descubrir que podían tener **identidad falsa**.

En el 2003 curioseando el mundo del blog llegué a uno que se llamaba *Diario de una señora gorda*. Contaba la historia de un ama de casa de 52 años, nacida en un pueblo de la provincia de Buenos Aires. La señora contaba de manera histriónica las peripecias de lidiar con su marido y tres hijos adolescentes. Fui de las muchas que creyó que se trataba de un persona real hasta que el blog saltó a la fama porque ganó un premio internacional. El autor era Hernán Casciari, un escritor que escribía más de un blog. El que lo hizo famoso estaba inspirado en su madre. El blog se transformó en libro y después en la obra de teatro *Más respeto que soy tu madre*.

Los blogs se multiplicaron cuando surgió la posibilidad de crearlos y administrarlos con facilidad. El sitio Xanga de 100 diarios que tenía en 1997, pasó a 50.000.000 en 2005. El sitio Blogger, por ejemplo, ofrece una página en blanco para escribir sin restricciones de tema o longitud y sin cuestionar la autoridad del autor para comentar sobre cualquier tema.

Las redes sociales nacen prácticamente con el siglo XXI cuando aparecen todo tipo de sitios que permiten a las personas conectarse con otros de manera virtual y compartir contenidos.

En un principio fueron sobre todo jóvenes pero, desde 2007, con la llegada de Facebook, las redes sociales ganaron usuarios de todas las edades. Se trata de un fenómeno cambiante. Nuevas plataformas aparecen continuamente en busca de seducir a los usuarios como actualmente lo hacen Instagram que es sobre todo visual, o escandalosa como Whisper, dedicada a contar secretos propios o ajenos de manera anónima.

Libros

Algo de mí mismo, de Rudyard Kipling

Tengo cariño por este escritor que fue capaz de escribir un libro entrañable como *El libro de la selva* sobre un niño criado por lobos y crear un poema certero como *Si...* de imprescindible lectura.

Kipling escribió su autobiografía cuando tenía 80 años y estaba enfermo de cáncer. Fue publicada después de su muerte. Tal vez porque la presentía, en los últimos renglones de su libro lo da por hecho.

El estilo es sencillo, sin retórica. Jorge Luis Borges ponderaba que Kipling fuera capaz de narrar su pasado sin contaminarlo de presente. Es curioso, su estilo guarda cierta distancia inglesa, no expresa intimidades, incluso aun cuando sus familiares están presentes a lo largo de su historia son pocas las referencias personales acerca de ellos. Tampoco cuenta mucho de él, solo "algunos" tramos de su vida, su título bien puesto está. Sin embargo, logra que uno se sienta cerca, es como escuchar a un viejo amigo. No es un relato narcisista, no era un hombre pagado de sí mismo ni entregado a una fama que siempre lo sorprendió. Es un libro que permite entender sus posturas frente a la realidad de su tiempo. Deberían leerlo aquellos que lo juzgan por sus opiniones políticas. Era todo lo contrario a un fascista o un racista y lejos estaba de tener espíritu aristocrático.

Algo de mí mismo está escrito en primera persona y dividido en ocho capítulos: "Una infancia 1865–1878", "El colegio antes de tiempo 1878–1882", "Siete años difíciles", "El interregno", "La comisión de presupuestos", "Sudáfrica", "La casa propia de verdad" y "Las herramientas de trabajo". Tiene un orden cronológico que comienza con su primer recuerdo en Bombay. Después cuenta los seis años que sufrió con una familia violenta encargado de cuidarlo mientras estudiaba en Inglaterra. En los siguientes capítulos recorre la época de estudiante, los trabajos, los viajes, la pérdida de toda su fortuna poco después de casarse y una descripción de la casa de sus sueños. El último capítulo está dedicado a la escritura. Cuenta cómo se dejaba guiar por Damien, su ángel bueno, con el que había pactado no perseguir ni la fama ni el dinero.

Su estilo es descriptivo, tal como se escribían las memorias en su tiempo, atravesada de imágenes inolvidables como cuando narra su llegada, para recibir el Nobel, a una Suecia nevada y silenciosa por la muerte del Rey.

Me resultó difícil seleccionar un párrafo, finalmente me decidí por el primer recuerdo porque es como estar viendo un cuadro de Bombay y el último, por lo curioso. Ocurre en Suecia en donde acaba de recibir el Premio Nobel de Literatura y es acerca de los baños públicos suecos.

El primero:

> Mi primer recuerdo es el de un amanecer, su luz y su color y el dorado y rojo de unas frutas a la altura de mi hombro, debe de ser la memoria de los paseos matutinos por el mercado de frutas de Bombay con mi aya y con mi hermana en su cochecito, y de nuestros regresos con todas las compras apiladas en éste. Nuestra aya era portuguesa, católica romana que le rezaba –conmigo

al lado– a una Cruz del camino. Meeta, el criado hindú, entraba a veces en pequeños templos en los que a mí, que no tenía aún edad para entender de castas, me tenía de la mano mientras me quedaba mirando a los dioses amigos, entrevistos en la penumbra.

A la caída de la tarde paseábamos junto al mar a la sombra de unos palmerales que se llamaban, creo, los Bosques de Mhim. Cuando hacía viento, se caían los grandes cocos y corríamos –mi aya con el cochecito de mi hermana y yo– a la seguridad de lo despejado. Siempre he sentido la amenaza de la oscuridad en los anocheceres tropicales, pero he amado el rumor de los vientos nocturnos entre las palmas o las hojas de los plátanos, y la canción de las ranas.

El último:

En aquella época, en los baños públicos había mujeres muy formales contratadas para lavar con una espuma de jabón magnífica y con grandes manojos de virutas de pino, pero los extranjeros no siempre comprendían aquella costumbre. De ahí la anécdota que en una estación de esquí me contó, con voz profunda y suave de contralto del norte, una señora sueca que pronunciaba el inglés un tanto bíblico.

El principio de la historia es fácil de imaginar. El final era: «Y entonces la vieja se acercó... llegó a lavar a aquel hombre, pero él se irritó... se enfadó, se metió hasta el cuello en el agua y le dijo que se fuera, y ella le decía, pero si he venido a lavarle, señor, y se disponía a hacerlo, pero él se dio la vuelta y con los pies fuera le decía váyase, maldita sea. Ella fue a decirle al director que había allí un loco que no se dejaba bañar. Pero el director le contestó que no era un loco, sino que era inglés, y que preferiría solo, que se lavaría él solo».

▶ Vamos a contar mentiras

Vamos a contar mentiras es el nombre de una canción infantil. Esta expresión la leí referida a la autoficción y me parece acertada porque este recurso ¿género?, que ha invadido la literatura, es igual a cuando éramos niños y jugábamos a personificar historias de mentira: "Dale que soy una princesa y vos un dragón..." ¿Acaso no tenemos derecho a soñarnos de muchas maneras sin necesidad de ocultarnos?

La autoficción es sencilla de explicar: un relato donde autor, narrador y protagonista coinciden y **se entremezclan la verdad autobiográfica y la ficción.**

Este fenómeno se debate con pasión en las universidades europeas y se adjudica al desprestigio de la ficción pura. Pareciera que ya no se puede competir con la realidad, que hay una necesidad de leer aquello que de alguna manera ayude a entenderla. Al igual que la autobiografía, la autoficción tiene grandes detractores entre los escritores de ficción y también entre los teóricos. Se la ve como una especie de hipertrofia del yo, **la cultura de la *selfie*,** producto del afán de protagonismo, del gusto por la exhibición de la intimidad, de los infortunios, incluso de trivialidades cotidianas, un síntoma de esta época. La literatura refleja la realidad de su tiempo, pero no todo es lo mismo. Sacarse miles de fotos o hablar en un panel de intimidades no es lo mismo que el trabajo de escribir, mas cierto es que se escriben libros que no agregan nada a nadie.

A través de la autoficción, el autor también busca la verdad, pero es una búsqueda de verdad sobre su propia persona. Lo narrado, en tanto entremezclado con la fantasía, no está sujeto a la prueba de la verificación como en la autobiografía.

150

En este contexto adquiere importancia el paratexto, es decir el conjunto de informaciones que rodean un texto como el título, el nombre del autor, el prólogo, la cubierta, la contracubierta y la información de las solapas. Así como el paratexto editorial relacionado con la catalogación y la publicidad. Algunos teóricos incluyen en lo paratextual declaraciones y entrevistas (cartas, periódicos) en las que el autor se refiere a su obra o a su vida.

Distinguir qué es verdad y qué es mentira en una autoficción no es lo esencial, en todo caso es el trabajo de biógrafos, lo que importa es si transmite algo que tenga valor para el lector.

Ejercicios 8

8.1. Escribir un autorretrato por la mañana y otro por la noche.

8.2. Escribir todos los días, durante una semana, una o dos frases. Contar de algo que pasó, alguna reflexión, un diálogo escuchado, eso que no queremos olvidar: ¿un poema?, ¿una frase genial que dijo tu nieto?

8.3. Narrar una anécdota ocurrida en un hotel.

8.4. Leer el cuento *Instrucciones para subir una escalera,* de Julio Cortázar (está en la Web) y escribir un texto con instrucciones para hacer un viaje, o instrucciones para organizar el equipaje, o instrucciones al llegar a una ciudad desconocida.

8.5 Registar un sueño y utilizarlo como material para un cuento.

8.6. Escribir sobre alguna experiencia en la que fuiste protagonista, incluir un personaje que no participó de ella y cambiar el final.

8.7. Hacer una lista de todos los lugares dentro y fuera del país que conociste, los que desearías conocer y los que no.

El tiempo no descansa

¿Cómo atrapar el tiempo en la narración? Como en la vida, también en la literatura es un concepto difícil de asir. Pese a que no podemos explicarlo intuimos que la noción de tiempo es algo más complejo que la convención que lo mide en horas, minutos y segundos. El tiempo es el **enigma de la existencia**, dijo el ensayista Julián Serna. Personajes como Aristóteles, Newton, Kant, San Agustín, Borges, Woolf se han obsesionado con el tiempo. En busca de comprenderlo desarrollaron teorías, han escrito cuentos y novelas o inventado técnicas como el fluir de la conciencia. Rosa Montero asegura que el tiempo es uno de los grandes temas de la literatura. En realidad diría que es un tema del arte en general ¿verdad?, quién que haya escuchado *Las estaciones* de Vivaldi, visto el cuadro de Cronos devorando a sus hijos o el de los relojes derretidos de Dalí no se ha sentido conmovido.

¿Cómo lograr que nuestro texto manifieste todos los matices que encierra el paso del tiempo? Por ejemplo, que la historia avance rápido o muy lento, que vaya hacia atrás o hacia el futuro o que se detenga, y saber por qué cuando escribimos algo del pasado, sin querer, "nos sale" el presente o por qué dudamos cómo conjugar un verbo al momento de escribirlo.

Volvamos a conceptos ya vistos en el apartado "La historia y la trama". Recordemos que historia y trama pueden tener tiempos distintos. El tiempo de la historia se refiere a una narración desde un inicio, sigue con el desarrollo y termina en el desenlace. Hay una relación de causa–efecto y predomina el tiempo lógico lineal sin alteraciones cronológicas. Recordemos también el cuento

Caperucita Roja en el que todo sucede en un día sin alteraciones cronológicas.

Hay muchas narraciones que mantienen esa linealidad y otras que por una decisión estética alteran el orden cronológico de los sucesos en la trama. En estos casos, el tiempo de la historia y de la trama no coinciden; por ejemplo contar una historia de **20 años en un día**. Recordemos que la trama puede empezar por el principio de la historia o en un momento ya avanzado de la misma desde el cual avanza hacia el futuro; y que se puede retroceder en el tiempo. También recordemos que se puede comenzar por el final de la historia. Un ejemplo conocido es *Crónica de una muerte anunciada* que comienza con la muerte de Santiago Nasar asesinado por los hermanos Vicario para vengar el honor mancilllado de su hermana Ángela, después va hacia atrás y termina precisamente en el momento en el que Santiago muere.

Las vueltas al pasado o saltos hacia el futuro pueden ser extensas o breves. Manejar el tiempo es un instrumento poderoso en la narración por eso es necesario conocer técnicas para crear la ilusión del paso del tiempo. La elipsis permite la supresión de sucesos del relato; esencialmente separa dos situaciones en el tiempo. Esta técnica acelera el ritmo narrativo y puede abarcar desde una fracción de tiempo mínimo hasta un salto de siglos. Imaginemos un ejemplo: la biografía de Juana. El hijo, Felipe, la entrevistó varias veces y además investigó en documentos porque quiso regalarle a su madre para el cumpleaños la historia de sus 80 años de vida. Felipe decidió seguir el tiempo cronológico y narrar en tercera persona. Abarcará desde el nacimiento en 1937 hasta el presente. Son 80 años de historia que regula, entre otros recursos, con el uso de la elipsis. En el primer capítulo narra la escena del parto que ocurre con cierto dramatismo durante una noche de tormenta y después relata sintéticamente el primer año de vida de la madre. En el segundo capítulo Juana ya tiene quince años y cuenta su huida del internado religioso. Hace una elipsis de quince años de material correspondiente a la historia real que no pasará a la trama. Del segundo al tercer capítulo solo hay un salto de tres días. El capítulo se ocupa del encuentro de Juana con quien será su futuro marido a poco de huir del internado.

Cuando se trata de géneros referenciales los hechos vienen dados y el arte está en seleccionar qué contamos y qué no; esto es tanto en textos descriptivos como en los narrativos. También está en saber elegir qué contaremos de manera resumida y qué en detalle. Hay dos recursos: el resumen y la escena.

El primero concentra material de la historia –horas, días, siglos–, el segundo **narra un hecho en detalle** y es similar al tiempo real. Una conversación dentro de la escena podría durar lo mismo que en la vida real y en este sentido, el diálogo es la técnica discursiva más frecuente en las escenas. Acerca de esta técnica es pertinente traer un comentario de Umberto Eco hecho a propósito de *El nombre de la rosa* que explica por qué sus diálogos duran el tiempo justo. Dice que cuando dos de sus personajes hablan mientras caminan del comedor al claustro, él escribió los parlamentos correspondientes a esa escena atento al plano de la Abadía donde trascurre la acción. El diálogo no podía durar más que lo que se puede hablar a lo largo de ese trayecto salvo que se detuvieran. Impresionante, ¿verdad?

La escritora y editora de historias de ficción Judith Merril aconseja en relación a las escenas: "no escribas una palabra hasta que hayas **imaginado toda la escena**: la habitación o los exteriores; los personajes incluidos los secundarios; los colores y las formas, el tiempo, las ropas, los muebles, todo. Debes saber exactamente dónde se mueven los personajes, consultar mapas, fotos, todo. Y después sintetizar las descripciones al máximo. Procura visualizar todo cuanto escribas."

Algunos escritores opinan que no se debe describir la vestimenta, otros que no hay que describir físicamente a los protagonistas, en fin, hay de todo, pero lo valioso del consejo de Merril es hacer el esfuerzo de representar la escena en la mente con el máximo detalle y recién después decidir qué escribir. Un buen lector detecta en el texto cuando una escena no está trabajada. Son textos apurados, llenos de generalizaciones.

¿Por qué atraen las escenas? En primer lugar, parecen más reales, el lector puede escuchar la voz, ver los gestos, incluso conocer lo que piensan y sienten los protagonistas. En segundo lugar, podemos poner una opinión sobre determinado hecho o persona a través del parlamento o del monólogo interior de un personaje, en lugar de hacerlo desde el rol del autor/protagonista; de esta manera el lector, convertido en testigo, saca sus propias conclusiones. Hemingway decía que el escritor debía **entender en lugar de juzgar** y son las escenas las que permiten la comprensión de un hecho.

El desarrollo de una escena necesita recurrir a la imaginación y es en ese juego entre la memoria y la imaginación cuando surgen recuerdos que de otra manera quedarían sepultados por el tiempo. Aparecen detalles únicos y personales que la hacen creíble y literaria. Recuerdo vagamente una escena leída en el taller que involucraba un desayuno preparado por el marido para llevar a su mujer a la cama, pero no olvido el detalle distintivo: el ruido de una bolsa de papel al abrirse que a ella le llegó desde la cocina y por el que supo que el marido había comprado las deseadas medialunas.

Una escena puede seguir la estructura clásica de la narrativa (planteo, desarrollo y desenlace) o no, puede ser solo descriptiva o reflexiva. En una sola escena arquetípica es posible reunir algo que se repite muchas veces a lo largo de una historia. Por ejemplo, para contar las vacaciones de verano que durante diez años se hicieron en un determinado lugar, se plantea una escena que las representa a todas. En esta escena el **tiempo se mueve pero no avanza** y por eso se utiliza el tiempo de verbo continuo (pretérito imperfecto*) que es un tipo de conjugación apropiada para las repeticiones y para referirnos a hechos en los que las fronteras en el tiempo no están muy definidas: "En aquellos veranos cerca del mar solíamos cenar en la playa. Bebíamos y comíamos a la luz de la luna y después charlábamos acostados sobre la arena."

Los sueños, las ensoñaciones, los recuerdos pertenecen a un **tiempo subjetivo** que transcurre en la mente de un personaje y es llamado psicológico o imaginario. Un personaje al recordar un momento determinado o al imaginar un futuro, no está viviendo un momento real en su vida, sino que mentalmente se transporta a otro. La trama se detiene. La técnica privilegiada es el monólogo interior, que no es otra cosa que el pensamiento, pero también se utilizan enumeraciones, descripciones y escenas.

---

* Pretérito imperfecto: acciones durativas en el pasado (ej. Cuando era niño); descripciones de cosas o personas en el pasado (no finalizado) (ej. La casa era pequeña); un pasado habitual. (ej. El año pasado iba todos los domingos a misa); hechos repetitivos en el pasado.

En este fragmento de *El viejo y el mar*, de Ernest Hemingway, Santiago, el pescador, recuerda mientras está en el bote:

> ...el viejo recordó aquella vez, cuando, en la taberna de Casablanca, había pulseado con el negro de Cienfuegos que era el hombre más fuerte de los muelles. Habían estado un día y una noche con sus codos sobre una raya de tiza en la mesa, y los antebrazos verticales, y las manos agarradas. Se hicieron muchas apuestas y la gente entraba y salía del local...

Recordemos que **la historia avanza** en el tiempo con verbos; en la descripción, que sobre todo recurre a sustantivos y adjetivos, la acción **se detiene**. No se trata de describir por describir. Detenerse en los detalles de una lluvia o de la noche pueden reflejar estados de ánimo; describir un rincón de la casa o determinado gesto sirve para revelar características personales. Hay otros recursos como usar oraciones breves y coordinadas o, por lo contario, si se quiere lentificar una situación, el uso de gerundios, adverbios y adjetivos puede provocar sensación de lentitud.

También influye la manera de tratar un diálogo, sea en estilo directo o indirecto, o las digresiones que son la introducción de temas paralelos.

▶ La acción=verbo

Pensemos en la práctica del habla cotidiana. Cuando estoy con alguien y le quiero contar lo que acaba de suceder ¿qué tiempo de verbo utilizo?, pues el pasado simple (pretérito indefinido: fui/fue, comí/comió, leí/leyó): por ejemplo, "yo toqué el timbre dos veces y demoraron en abrir la puerta", y es indistinto para cualquier tipo de narrador. En tercera sería:

"él tocó el timbre dos veces y demoraron en abrir la puerta."

El tiempo verbal depende de cómo se ubica el narrador en relación a los hechos narrados. En el ejemplo vimos que el hecho se cuenta en pasado no obstante haya ocurrido hace un segundo. Si pasó un día, se usa la misma conjugación pero se agrega un adverbio de tiempo "ayer toqué el timbre dos veces y demoraron en abrir la puerta". Cuando pasaron meses, años, se utilizan más palabras "hace 10 años toqué el timbre dos veces y demoraron en abrir la puerta". La constante es que se narra el hecho una vez ocurrido.

El pasado simple es el tiempo que predomina en novelas/cuentos/relatos desde siempre (pretérito perfecto). Actualmente está de moda escribir en presente (presente del indicativo), quiere decir que quien narra está contando los hechos a medida que ocurren: "estoy en la parada del colectivo y veo una cara conocida". El uso del presente tiene el efecto de transformar al lector en testigo, es como si estuviera mirando lo que ocurre en tiempo real. Finalmente, la tercera y última opción es cuando se cuenta algo que todavía no ocurrió, dicho de otra manera el narrador está en una posición anterior. Se utiliza el verbo en futuro: "mañana me encontraré con mi ex y seguro que me reprochará mi desamor".

En síntesis, el tiempo verbal depende de si los hechos son narrados después de ocurridos, mientras ocurren o antes de ocurrir. Las distintas formas verbales como los tiempos compuestos, los condicionales y los verboides (participios, gerundios e infinitivos) permiten ordenar las acciones dentro de la narración. Cuando se tiene poca experiencia al narrar hechos pasados, se deslizan verbos en tiempo presente. El recurso de usar el presente en el pasado existe y se lo conoce como pasado histórico, pero debe usarse teniendo conciencia del recurso.

El pasado histórico permite, entre otras cosas, acercar una escena o parte de ella al lector y convertirlo en un testigo privilegiado.

Un párrafo del libro *La ridícula idea de no volver a verte,* de Rosa Montero, permite apreciar el ir y venir en dos momentos del pasado, utilizando variedad de conjugaciones verbales: usa gerundios para contar lo que estuvo haciendo durante dos años tiempo atrás, avanza con el pasado simple; recurre al presente histórico para referirse a ese momento del pasado, el 2011. Hay verbos en infinitivo, en tiempo compuesto y en tiempo futuro.

Sugiero leerlo varias veces, marcar los verbos. Se trata de una narración en primera persona en la que coinciden autor y protagonista:

> Yo estaba haciendo otra novela. Llevaba más de dos años tomando notas. Leyendo libros próximos al tema. Dejando crecer el zigoto en mi cabeza. Por fin la comencé, dicho de otro modo, pasé al acto, me senté delante de un ordenador y me puse a teclear. Fue en noviembre de 2011. Toda la trama sucede en la selva, ese asfixiante, putrefacto, enloquecedor vientre vegetal. Escribí los tres capítulos primeros. Y me gustan. Además sé todo lo que va a pasar después. Y también me gusta, es decir, creo que puede ser emocionante para mí escribirlo. Y, sin embargo, a finales de diciembre dejé esa historia tal vez para siempre (espero que no). Sólo he abandonado otra novela a medio hacer en toda mi vida: sucedió en 1984 y en aquella ocasión llevaba un centenar de páginas. Las tiré, salvo las cinco o seis primeras, que publiqué a modo de cuento con el título de «La vida fácil» en mi libro *Amantes y enemigos.* Esa novela no volverá jamás. Dejé de sentir a los personajes, dejaron de importarme sus peripecias, me cansé del tema.

▶ ¿Verbos falsos?

Sí, los verboides. La palabra está formada por el sufijo *oide* que significa 'falso' y son tres: los infinitivos (comer, amar, dormir, vivir), los participios (comido, amado, dormido, vivido) y los gerundios (comiendo, amando, durmiendo, viviendo). Son las formas verbales **no conjugadas** por eso no tienen concordancia de persona, no se identifica al emisor ni tampoco al lector, motivo por el que se utilizan en los discursos que pretenden objetividad. Su riqueza es que pueden actuar como sustantivos (infinitivos), adjetivos (participios) y adverbios (gerundios).

Julio Cortázar los utilizaba como recurso estético, hay cuentos con cantidades de gerundios como *Deshoras o Después del almuerzo* provocando con ellos una sensación laxa del tiempo, y en otros cuentos no hay ni uno. En Carlos Fuentes los vemos en enumeraciones o descripciones hechas con oraciones nominales:

> Mercados mágicamente nutridos y bellos, altoparlantes ofreciendo baratas y arrullando boleros. El imperio del refresco: ¿hay un país que consuma mayor cantidad de aguas gaseosas? Humo de cigarrillos negros, ovalados, fuertemente tropicales. Olor de cacahuate garapiñado. La frontera de cristal.

Veamos este otro ejemplo del uso de los gerundios en *Cielo de tango,* de Elsa Osorio:

> Por qué justo ahora, después de años de soñarlo, a Hernán se le había ocurrido mirarla así, como nunca antes, y enseñarle a bailar el tango. La furia despertando, Hernán tenía la culpa de que la echaran, trepando por su nuca, por él iba a perder al Oriental, rebotando en

su cabeza, quizás Hernán mismo estuviera detrás de ese plan, sacudiéndole los brazos, las piernas, debió haberlos sorprendido abrazados al Oriental y a ella en la verja, y Hernán estaba celoso.

Observemos que si se omiten las frases con gerundios la oración no pierde sentido pero cambia notablemente porque desaparece la sensualidad.

Saber con exactitud cuándo sucedieron los hechos que se narran (año, día, hora) es indispensable. Se pueden marcar esos datos al margen para tenerlos presente. Esto es válido para textos basados en hechos reales o de pura ficción. Si no se tiene el dato fehaciente, inferirlo, si se trata de una fantasía, imaginarlo. El planteo de una escena será diferente si sucede de noche o de día, si es enero o julio y si justo ese día ocurrió un acontecimiento externo que afectó el desarrollo normal de los hechos.

▶ Algo sobre diálogos

El diálogo es una conversación entre dos o más personajes que se alternan para hablar sobre algo. Es un discurso directo, se habla a otro u otros concretos. Vimos que es la técnica más usada en el desarrollo de una escena porque tiene la mayor coincidencia entre lo dicho y la duración de lo dicho. Sin embargo, no es una imitación literal del lenguaje hablado sino que debe parecer real, se trata de recrear el habla, de conseguir fluidez. Quienes dialogan se interrumpen unos a otros, se superponen, las frases quedan inconclusas, se pueden mezclar los tipos de lenguajes y modismos que ayudan a identificar a las personas, por ejemplo si alguno repite "pues", "claro" o alguna palabra en otro idioma. También hay silencios y gestos en lugar de palabras.

El parlamento se debe corresponder con la persona, aun la conversación más intrascendente debe mostrar algo de esa persona, la tendencia a la exageración, por ejemplo, el uso del diminutivo si se trata de una personalidad *naif,* determinadas muletillas, etc. Cuando los personajes–personas hablan sin interferencia del narrador se llama estilo directo y es estilo indirecto cuando interviene el narrador como mediador. No confundir estos recursos literarios con el estilo de un escritor.

En este breve diálogo del cuento *La luz de un nuevo día,* de Hebe Uhart, se utilizan los dos estilos. Lo que dice la nuera está en estilo directo y lo que dice la hija en indirecto:

> Mientras doña Herminia acompañaba a Genoveva, la nuera y la hija, las dos medianas, se repartían las próximas tareas a hacer.
> La nuera dijo:
> —Yo puedo internarla mañana, hoy no, porque hoy tengo clase de ikebana y de expresión corporal.
> La hija de la señora Herminia no tenía clase de nada, pero para no ser menos, le dijo que esa noche tenía clase de galés precámbrico. Finalmente, cada una sacó su agenda, cotejaron sus horarios.

En estilo indirecto la estructura de la frase utilizada remite siempre al narrador: "Dijo que..." o "Me dijo que...", mientras que en el directo **el narrador desaparece** para darle **la voz al personaje.** Los estilos se pueden mezclar y esto también permite agilizar la escena. Algunos escritores sostienen que se debe utilizar el estilo directo si se es bueno escribiendo diálogos; también están los que dicen que solo se debería usar el indirecto porque en la oralidad no se habla como un ventrílocuo sino que siempre se usa la forma indirecta para contar lo que dijo alguien.

En el ejemplo que sigue, el cuento *Hotel Recuerdo* de Pablo De Santis, el narrador en tercera persona se entreme en el diálogo.

> —Al hotel Cosmos lo llaman Hotel Recuerdo —siguió Lagarza—. Todos los que vienen aquí vienen a recordar. ¿Usted tuvo alguna experiencia?
>
> Padula negó con la cabeza. Lagarza lo miró con desconfianza:
>
> —No crea que es una fantasía de mi ocurrencia. Es un fenómeno científico. Cuando hicieron este edificio, utilizaron mucho cinc, por error. Usted, que es ingeniero, sabe que cuando en una construcción se utiliza cinc en cantidades excesivas el edificio pasa a ser lo que se llama técnicamente una estructura mnemónica.
>
> —¿Una qué...?
>
> —Una antena para captar recuerdos. Como usted habrá observado, todos los tónicos para la memoria se hacen con compuestos de cinc.
>
> El ingeniero pensó que él nunca había observado nada semejante, que nunca se había puesto a pensar en esas cosas. El construía puentes, escribía cartas a sus padres y lloraba por las noches.
>
> —Además —siguió Lagarza— dejan frutas maduras y a veces flores, porque los olores ayudan al recuerdo.

Un diálogo es una técnica que puede utilizarse como estructura total de una novela como en *El beso de la mujer araña*, de Manuel Puig, o de un cuento. Roberto Bolaño la usó para *Detectives*. un cuento basado en una experiencia espantosa de su vida. Dos policías sin moral recuerdan, mientras viajan en un auto, a detenidos del 73 en Chile entre los que está Arturo Belamo, el *álter ego* del escritor.

Es un cuento sin narrador. El diálogo es lo que va dando pistas acerca del perfil de los hablantes, del lugar donde transcurre la acción, en definitiva, de una historia.

▶ Las rayas

No pensaba referirme a las rayas o guiones de diálogo (solo se usan en el estilo directo), pero hay quienes quieren escribir diálogos y se sienten trabadas por no saber dónde se colocan las rayas. Solo veremos la forma más común. Como ya se ha dicho para otros recursos, es necesario conocer las reglas para después salir de ella e imponer las propias.

Los diálogos se abren con una raya, llamada guión largo (en el teclado es CTRL + ALT + guión del teclado numérico), al inicio de la frase, pero no se repiten al terminarla (ver el cuento de la página 164). Observar que la raya va pegada a la primera palabra del parlamento. Sí se colocan cuando se indica quién es el hablante; es el llamado inciso y tampoco se cierra con el guión:

—Ah, vayan ustedes. Yo me quedo un rato más, vuelvo sola en el bus. No se preocupen —dijo María.

Pero si se trata de un parlamento largo y el inciso está en el medio del discurso, el inciso se cierra con un guión:

—Ah, vayan ustedes. Yo me quedo un rato más, vuelvo sola en el bus. No se preocupen —dijo María—, estoy acostumbrada a hacerlo y no tengo miedo.

Cuando después del inciso va un punto, pero el parlamento sigue, el tratamiento es el mismo. En estos casos se genera una confusión porque parecería que después del punto podría llevar un guión, pero no es así:

—Ah, vayan ustedes. Yo me quedo un rato más, vuelvo sola en el bus. No se preocupen —dijo María—. Las mujeres ya no tenemos miedo.

En los incisos el guión va pegado a la palabra que comienza el inciso, y el que cierra, a la que le da fin.

Cuando se trata de un diálogo entre dos personas la convención de comenzar en un punto aparte cada vez que cambia el hablante elimina la necesidad de identificar quien dijo qué cosa, sin embargo si el diálogo es largo y no se diferencia mucho un discurso del otro puede confundir al lector y es necesario apelar a otros recursos como incluir cada tanto el nombre del interlocutor en el discurso:

"–Sí, Patricia, cenemos juntas", en lugar de "–Sí, cenemos juntas".

Aunque, en general, las comillas se usan para reproducir pensamientos: "Dios, pensó Susana, ¡cierto es! No debí llegar de noche. ¡No volveré a hacerlo!" o para citar alguna frase que se dijo en el pasado y traemos al presente del relato: "La abuela solía decir al despertarnos «arriba dormilones que el sol los está esperando»", y pese a que no es lo común en la tradición española, las comillas también pueden usarse para los diálogos:

Me dijo: "Vamos juntos al campo".

Todas estas formas pueden coexistir en un relato. Respecto de los incisos Elmore Leonard propone solo usar el 'dijo' porque es casi invisible. Se debería evitar usar sinónimos de 'dijo', salvo que el personaje, por ejemplo, susurre de verdad en su parlamento y en ese caso se justificaría un 'susurró'.

Ante la pregunta si hacer pocas o largas acotaciones dependerá del estilo de cada autor: "Vamos al campo –dijo Juan con lágrimas en los ojos, mientras se ataba los cordones de los zapatos."

Ejercicios 9

9.1. Imaginar que hace unos minutos te encontraste con un viejo amigo y contar la anécdota; contar el mismo hecho como si hubiera pasado un mes y lo mismo pasados 20 años.

9.2. Describir un día de trabajo mientras transcurre. Ese mismo día contado a la noche.

9.3. Escribir un hecho cualquiera que sucederá mañana.

9.4. Escribir una historia con tres elipsis de tiempo.

9.5. Escribir un diálogo entre dos personas que dé cuenta de una historia.

9.6 Escribir el resumen de una historia en 500 palabras y después hacer fichas con escenas posibles. Colocar las fichas sobre una mesa y pensar el orden que le darías.

9.6. Escribir por lo menos 10 oraciones nominales que describan, por ejemplo, la adolescencia: guardapolvo con tablitas, machetes a escondidas, rateadas deseadas, sábados en Club Belgrano, el primer cigarrillo, horas de toca y espejo, soñando despierta...

9.7. Escribir en una sola escena un hecho que se repite muchas veces a lo largo del tiempo: el almuerzo de los domingos, los sábado en la cancha.

9.8. Hacer una lista de regalos: los que recibí, los que me gustaron y los que no, los que desearía recibir, los que quisiera hacer.

La revolución de Flaubert y el EIL

Gustave Flaubert es admirable porque su genialidad es producto del trabajo duro. Es el autor de *Madame Bovary*, la obra que cambió la manera de escribir literatura. La novela surgió como consecuencia de las críticas que le hicieron sus amigos cuando les leyó el manuscrito que acababa de terminar sobre el personaje de San Antonio.

Decepcionado, elige escribir sobre una mujer común, lectora de novelas románticas, que engaña a su marido, se endeuda y termina suicidándose. Le llevó muchos años de trabajo. Por suerte quedaron cartas que le mandaba a su amante sobre el proceso de la escritura y obras como *La orgía perpetua,* de Mario Vargas Llosa, que se ocupó de estudiarla.

El estilo indirecto libre, conocido muchas veces por su sigla EIL, fue el gran aporte técnico que hizo Flaubert a la narrativa y que autores posteriores como el mismo Vargas Llosa o Cortázar han recreado. A través de este estilo que mezcla el directo con el indirecto, el narrador omnisciente y el personaje se confunden provocando en el lector tal ambigüedad que es difícil a veces identificar cuándo habla el narrador y cuándo lo hace el personaje. No se utilizan guiones, comillas, incisos ni verbos como 'dijo' o 'pensó' para introducir las palabras del personaje:

"Después de 10 horas de viaje en tren se detuvo en la estación. Un hombre con la valija en la mano se dispuso a bajar. Ya estoy aquí, por fin adiós al pasado".

Esto se logra con determinados tiempos verbales y, sobre todo con la interrogación. "El narrador no reproduce las palabras del personaje sino que adopta su perspectiva" (RAE), tanto para expresar sus pensamientos como su voz. Veamos dos ejemplos de escritores latinoamericanos.

Coronación, de José Donoso:

> Cierta noche Andrés escuchó un agitarse inusitado en el cuarto debajo del suyo. Algo sucedía. Su atención se adhirió a la voz de su abuela que se quejaba suavemente al comienzo, y que después dio un débil gemido de dolor. Sobrecogido, se sentó al borde de su lecho, con sus pies metidos en las pantuflas. Aguardaba. ¿Y si su abuela muriera? ¿Si muriera allí mismo, ahora, esta noche? Sensibilizados de pronto, sus nervios vibraron a lo largo de todo su cuerpo... ¿No sería esa la solución de todo?... Lo invadió una alegría salvaje... "

Conversación en la Catedral, de Mario Vargas Llosa

> Desde la puerta de La Crónica Santiago mira la avenida Tacna, sin amor: automóviles, edificios desiguales y descoloridos, esqueletos de avisos luminosos flotando en la neblina, el mediodía gris. ¿En qué momento se había jodido el Perú? Los canillitas merodean entre los vehículos detenidos por el semáforo de Wilson voceando los diarios de la tarde y él echa a andar, despacio, hacia la Colmena. Las manos en los bolsillos, cabizbajo, va escoltado por transeúntes que avanzan, también, hacia la Plaza San Martín. Él era como el Perú, Zavalita, se había jodido en algún momento. Piensa: ¿en cuál? Frente al Hotel Crillón un perro viene a lamerle los pies: no vayas a estar rabioso, fuera de aquí. El Perú jodido, piensa, Carlitos jodido, todos jodidos. Piensa: no hay solución. Ve una larga cola en el paradero de los colectivos a Miraflores, cruza la Plaza y ahí está Norwin, hola hermano, en una mesa del Bar Zela, siéntate Zavalita, manoseando un chilcano y haciéndose lustrar los zapatos, le invitaba un trago. No parece borracho todavía y Santiago se sienta, indica al lustrabotas que también le lustre los zapatos a él. Listo jefe, ahoritita jefe, se los dejaría como espejos, jefe.

Un ejemplo sencillo según los tres estilos:

Estilo directo:
Vera se fue al cine. No quiso decir por qué se fue enojada, solo dijo:
—Me tienen harta.

Estilo indirecto:
Vera se fue al cine. No quiso decir por qué se fue enojada, solo dijo que la tenían harta.

Estilo indirecto libre:
Vera se fue al cine. No quiso decir por qué se fue enojada: la tenían harta.

▶ El pensamiento

El cantaautor Joan Manuel Serrat tiene una hermosa canción que en una parte dice así:

> No hago otra cosa que pensar en ti / y no se me ocurre nada.// Enciendo un cigarrillo y otro más... /Un día de estos he de plantearme muy seriamente dejar de fumar, /con esa tos que me entra al levantarme...// Busqué, mirando al cielo, inspiración/ y me quedé "colgao" en las alturas./ Por cierto, al techo no le iría nada mal una mano de pintura. // Miré por la ventana y me fugué/ con una niña que iba en bicicleta.// Me distrajo un vecino que también/ no hacía más que rascarse la cabeza.

La letra de la canción sirve para hacer una primera aproximación al monólogo interior porque se pueden "ver" los pensamientos de Serrat cuando quiere hacer una canción de amor y se distrae mientras busca inspiración. Podemos saber qué rumia su cerebro y la fusión con el mundo real (el vecino, la niña en bicicleta) y con el mundo interior (su deseo de escribir una canción de amor).

El monólogo interior es en primera persona, y parte del presente real. Si el pensamiento va al pasado se hace en imperfecto o indefinido. Esta técnica, perfecta y poderosa para explicar el mundo consciente y subconsciente, revolucionó la novela del siglo XX. A través de ella se expresan pensamientos y sensaciones de un individuo despierto. Muestra el mundo interior de la persona. Posibilita sacar a la luz lo más íntimo como los deseos, las fantasías y lo sentimientos que se ocultan ante los demás.

Al igual que el diálogo es una técnica que brinda información necesaria para el relato en pocas palabras. Se utiliza la asociación de ideas y se usa un lenguaje sin puntuación, con juegos verbales, elipsis, expresiones deshilvanadas. **No hay otro público que el pensador.** El narrador de la historia no interviene. Virginia Woolf y James Joyce son los máximos exponentes, cada uno con estilo diferente. El de Woolf es poético y con más detalle de sensaciones, mientras que el de Joyce pone acento en los pensamientos. Cuando el pensamiento y los sentimientos se expresan de forma ordenada y lógica estamos ante lo que se conoce como monólogo tradicional.

Veamos el monólogo interior en el cuento *La señorita Cora*, de Julio Cortázar

> No entiendo por qué no me dejan pasar la noche en la clínica con el nene, al fin y al cabo soy su madre y el doctor De Luisi nos recomendó personalmente al director. Podrían traer un sofá cama y yo lo acompañaría

para que se vaya acostumbrando, entró tan pálido el pobrecito como si fueran a operarlo en seguida, yo creo que es ese olor de las clínicas, su padre también estaba nervioso y no veía la hora de irse, pero yo estaba segura de que me dejarían con el nene. Después de todo tiene apenas quince años y nadie se los daría, siempre pegado a mí aunque ahora con los pantalones largos quiere disimular y hacerse el hombre grande. La impresión que le habrá hecho cuando se dio cuenta de que no me dejaban quedarme, menos mal que su padre le dio charla, le hizo poner el piyama y meterse en la cama. Y todo por esa mocosa de enfermera, yo me pregunto si verdaderamente tiene órdenes de los médicos o si lo hace por pura maldad. Pero bien que se lo dije, bien que le pregunté si estaba segura de que tenía que irme. No hay más que mirarla para darse cuenta de quién es, con esos aires de vampiresa y ese delantal ajustado, una chiquilina de porquería que se cree la directora de la clínica. Pero eso sí, no se la llevó de arriba, le dije lo que pensaba y eso que el nene no sabía dónde meterse de vergüenza y su padre se hacía el desentendido y de paso seguro que le miraba las piernas como de costumbre

El monólogo interior suele confundirse con el soliloquio. El soliloquio es una reflexión interior por medio de la cual alguien expresa, en voz alta y estando a solas, sus pensamientos, sentimientos y emociones. Es la técnica que se utiliza en las representaciones teatrales para que el público pueda saber qué piensa un personaje.

▶ El poder del blanco

Como en la música o en la pintura, el blanco tiene sentido en una obra literaria. Señalan en la página el límite de la obra, demarcan sus partes: capítulos, determinados párrafos. En resumen, los blancos son una forma, dice Wolfgang Iser, autor de *El acto de leer*. Delimitan el campo de visión y crean el escenario para la obra escrita.

La forma más utilizada de **intercalar blancos** para separar textos es el capítulo. Es la división que se hace con el fin de ordenar e integrar el contenido y así facilitar la lectura. La extensión de los capítulos varía de acuerdo con las necesidades del autor y la obra. Dentro de un mismo libro la duración de cada capítulo puede diferir del resto. A veces los libros están divididos en partes y estas a su vez en capítulos, pero también hay novelas que no tienen capítulos. Las divisiones pueden llevar números, títulos, años o nada. Algunos capítulos cuando no. tienen número se consideran como una subdivisión diferente, por ejemplo el prólogo, la introducción, el epílogo.

Los blancos **marcan un ritmo**. Antes de leer un libro con solo hojearlo se puede percibir el ritmo por sus blancos. Tenemos otros blancos que son los llamados blancos activos. Stéphane Mallarmé, poeta y crítico francés, junto con otros poetas, emplearon por primera vez los blancos en una página como elementos con significado.

Para la prosa escrita en el programa Word los blancos se hacen con dos enter. Al igual que los signos de puntuación o las divisiones en capítulos, los blancos activos indican algo al lector y de alguna manera son parte de la narración.

Los espacios blancos pueden **significar un silencio** en el tiempo o un cambio en el espacio. Son vacíos de información que el lector debe completar y el autor los hace cuando considera que el texto lo requiere. Un blanco obligatorio es el que marca el cambio de narrador.

No todos los autores siguen estos criterios o reglas. Vale contar una anécdota. Sucedió con Delphine de Vigan. Cuando vino a la Argentina fuimos a escucharla junto con otros autobiógrafos (descubrimos a una mujer sencilla, linda, querible). Le pregunté por sus leyes para el uso de los blancos activos dado que los utiliza mucho y contestó con total honestidad que no sabía que tenían un nombre y que simplemente obedecían a un ritmo interior.

Para cerrar quiero llamar la atención sobre la sangría que no es vino con fruta ni cortar una vena para sacar sangre sino los caracteres en blanco que se dejan al comienzo de un párrafo después de un punto aparte. Una regla que hemos olvidado debido al uso del sistema operativo Windows. Esta práctica de escribir sin sangría viene del uso de los programas de escritura de la PC que por defecto están configurados sin sangría y con separaciones de interlineado doble después de los puntos aparte. Obedece a que los textos técnicos se organizan por grupos de ideas. Hay que **aprender a cambiar la configuración**: abrir la ventana de "párrafo", clicar en "especial" para poner "primera línea" y en "espaciado posterior" cambiar el diez por un cero.

Si uno mira cualquier libro de narrativa de la biblioteca o de una librería se podrá comprobar que todos los textos llevan sangría. En los libros en castellano no se suele aplicar en el primer párrafo del capítulo. No es una cuestión estética, es necesaria para distinguir con claridad el punto aparte.

▶ Las palabras pintan

Narrar implica contar una historia, poner en palabras lo que tenemos en nuestro pensamiento y en nuestro corazón. Eso, que está encerrado dentro de nosotros, es una sucesión de hechos que por lo general están cargados de formas, emociones, colores, movimientos, incluso sabores y olores.

¿Qué de todo eso volcamos en palabras? Después de escribir un texto, ¿somos capaces de separar lo que está escrito de lo que teníamos en mente?

A veces los principiantes escriben como si el lector pudiera leerles lo que piensan. Son los "sintéticos", dicen todo con pocas palabras y suelen pensar que es "su estilo", pero no se trata de un estilo sobrio sino de un **contenido presentado de manera insuficiente.** Otros, que se podrían llamar "verborrágicos", usan muchas palabras para decir poco, suelen escribir la misma cosa de dos maneras distintas o detallar hasta el número de calzado de los personajes cuando el dato no es trascendente en la historia (sí, lo es en la Cenicienta).

Ernest Hemingway decía que **las descripciones no existen.** Provocador ¿verdad? Y está bueno partir de esta cita para pensar las descripciones desde otro lugar. La descripción no puede ser decorativa, decía, "inventa o construye a partir del conocimiento personal o impersonal". Veamos cómo nos presenta al viejo en su libro más famoso *El viejo y el mar.*

> El viejo era flaco y desgarbado, con arrugas profundas en la parte posterior del cuello. Las pardas manchas del benigno cáncer de la piel que el sol produce con sus reflejos en el mar tropical estaban en sus mejillas. Esas pecas corrían por los lados de su cara hasta bastante abajo y sus manos tenían las hondas cicatrices que causa la manipulación de las cuerdas cuando sujetan los grandes peces. Pero ninguna de estas cicatrices era reciente. Eran tan viejas como las erosiones de un desierto árido.
>
> Todo en él era viejo, salvo sus ojos; y estos tenían el mismo color del mar, eran alegres e inofensivos.

Es una descripción inolvidable como la de *Platero y yo*:

175

> Platero es pequeño, peludo, suave; tan blando por fuera, que se diría todo de algodón, que no lleva huesos. Sólo los espejos de azabache de sus ojos son duros cual dos escarabajos de cristal negro.
> Lo dejo suelto, y se va al prado, y acaricia tibiamente con su hocico, rozándolas apenas, las florecillas rosas, celestes y gualdas... Lo llamo dulcemente: "¿Platero?", y viene a mí con un trotecillo alegre que parece que se ríe, en no sé qué cascabeleo ideal...
> Come cuanto le doy. Le gustan las naranjas mandarinas, las uvas moscateles, todas de ámbar, los higos morados, con su cristalina gotita de miel...

La descripción está fusionada con el personaje y la trama, y responde a la sensación que se quiere transmitir. Hemingway en 107 palabras prácticamente nos dice todo sobre su protagonista, podemos imaginar lo sacrificada que ha sido toda su vida y a través de la descripción de sus ojos –dos adjetivos– sabemos de su carácter. Ramón Giménez necesitó 104 palabras para mostrarnos a Platero y provocar **el deseo de abrazarlo**.

Si pensamos en algunos libros veremos que están los que trasmiten imágenes y otros, solo palabras. Orhan Paluk llama **textos visuales** a los primeros y verbales a los segundos y señala a dos exponentes que fueron contemporáneos como ejemplos: León Tolstói y Fiódor Dostoyevski. Ninguno es mejor que el otro, los dos llegan a lo profundo de manera diferente. Tolstói es visual, abunda en detalles del ambiente, de los vestidos, de objetos ubicados sutilmente, mientras que en Dostoyevski las habitaciones parecen vacías y sabemos prácticamente solo lo que piensan y dicen sus personajes.

Cada escritor tiene que encontrar su manera. Abelardo Castillo detestaba a los que hablaban de la vestimenta, para él era mejor **describir la posición del pie** que el color de un zapato o el gesto de una mano en lugar del color del guante que la cubre. La mejor descripción es la que resulta de una mirada personal interesante, la que condensa y distingue lo esencial, la que descubre lo inesperado, algo que estaba ahí pero que no éramos capaces de ver. Debemos aprender a mirar o tratar de **inventar una mirada** si hiciera falta.

A pesar de que se trata de una traducción del inglés, no quiero dejar de citar una de las descripciones de James Agee. Esta corresponde a su libro autobiográfico *Una muerte en la familia*: "En el vestíbulo oscuro y vacío, solitario, el teléfono chillaba como un niño abandonado y aún más imperioso en su exigencia de ser acallado".

Este libro, que le llevó siete años de trabajo, relata las circunstancias de la muerte de su padre, desde que sale de la casa y tiene un accidente hasta el día del entierro. El libro muestra detalles comunes de la vida de una pequeña familia de clase media que sufre una tragedia. Ganó el premio Pulitzer y se la considera una obra maestra. John Huston en sus memorias *A libro abierto* lo llamó el **Poeta de la Verdad**, porque le importaba la integridad y no la apariencia y cita otra de sus obras en las que hace minuciosas descripciones para mostrar la forma de vida de tres familias algodoneras del sur de los Estados Unidos: "su descripción de los objetos de una habitación era detallada hasta el punto de constituir un homenaje a la verdad. Durante una fracción de eternidad esos objetos existieron en una colocación determinada dentro de un espacio circunscrito; eso era verdad. Y la verdad era digna de ser contada".

Si narrar se caracteriza por los verbos, en la descripción prevalecen sustantivos y adjetivos que, bien elegidos, pueden formar una bella imagen. A veces, una sola palabra puede llevar toda una escena a la imaginación. Con ejercicio y lectura es posible aprender a crear imágenes, metáforas y comparaciones. Un ejemplo: a una persona poco cariñosa se la podría asociar con algo seco.

"Elsa es un pozo seco" es una imagen.

"Elsa es como un pozo seco" es una comparación.

"El pozo seco acaba de llegar" es una metáfora.

¿Qué describir y para qué? Se describe todo lo necesario: **lugares, objetos, ambientes, personas, procesos, emociones** o conceptos, con el fin de hacer creíble lo que se narra y también cuando es necesario detener la acción. Vargas Llosa lo llama el tiempo inmóvil o la eternidad plástica porque el narrador hace lo mismo que el pintor con sus modelos, los mantiene quietos mientras los pinta. En muchos casos sirven para crear un clima que predispone al lector.

Los escritores del siglo XIX eran muy descriptivos en gran parte porque no existía el conocimiento y los sobrentendidos que hoy tenemos por los medios de comunicación y la tecnología. En las historias de familia, las descripciones pueden ser similares a las de los autores decimonónicos y romper con todo lo dicho antes porque, más allá de lo estético, se privilegia la inclusión de determinados detalles que de otra manera se perderían para siempre. Una pregunta frecuente es si incluir o no la dirección de la casa de la infancia. Es cierto que siempre está la posibilidad de buscar un recurso para incorporar con sentido estético este dato u otros, como fechas importantes, pero ante la dificultad para encontrar una manera literaria, tomo partido por incluir aquello que tiene valor para la familia.

Suele pasar que nos interesamos por nuestro pasado cuando ya no tenemos a quien preguntar. A mí me pasa. Mis padres murieron bastante jóvenes, no dejaron registro de sus vidas. Vuelvo a repetir: las vidas sobre las que no se escribe se pierden para siempre. ¡Hay tanto que quisiera saber! Quisiera saber qué pensaban y sentían, la manera en que afrontaron sus tragedias y crisis económicas, y también me interesa el origen de las savonarolas que tengo en mi casa o en qué calle viví durante dos años en Nueva York cuando era una niña.

Hace un tiempo pude ir a esa ciudad y lo hice con la esperanza de recuperar recuerdos de ese tiempo que marcó a fuego la vida de mis padres y de alguna manera la mía. No supe a dónde ir a buscarlos.

Cierro este apartado con dos descripciones inolvidables. Una la leí hace más de 30 años. Es la descripción de una ciudad de Marruecos, Fez. La escribió Anaïs Nin en su *Diario*. Tal fue el impacto que nunca dejé de soñar con la posibilidad de conocer esa ciudad.

Se encuentra en el Tomo I. *Diarios 1934–39*. Solo citaré un pequeño fragmento:

> Pisar el laberinto de sus calles, calles como intestinos, apenas dos yardas de ancho, hasta dentro del abismo de sus ojos oscuros, hasta dentro de la paz. Es el ritmo que afecta primero. Lento. Mucha gente por las calles. Los codos se rozan. Ellos se respiran en la cara pero con un silencio, una profundidad, un ensueño. Sólo los niños gritan, ríen y corren. Los árabes son silenciosos. El pequeño cuarto cuadrado abierto a la calle donde se sientan en el piso, en el lodo, con su mercancía alrededor. Están tejiendo, están cosiendo, horneando pan, cincelando joyas, arreglando cuchillos, fabricando pistolas para los bereberes en las montañas. Están tiñendo lana en amplios calderones, grandes calderones llenos de tinte verde esmeralda, violeta, azul oriente. Están haciendo alfarería de tierra de Siena, tejiendo tapetes, afeitando, lavan cabellos y escriben

documentos ahí mismo, debajo de mis ojos. Un árabe está dormido sobre su bolsa de azafrán. Otro reza con cuentas y vende hierbas al mismo tiempo.

La otra es una descripción acerca del amor y del cuerpo humano. Para el amor utiliza una comparación y para describir al cuerpo humano, siete sustantivos, un adjetivo, un verbo. Es de Marguerite Youcernar en *Memorias de Adriano* y pertenece a la parte primera:

> La obscena frase de Posidonio sobre el frote de dos parcelas de carne –que te he visto copiar en tu cuaderno escolar como un niño aplicado– no define el fenómeno del amor, así como la cuerda rozada por el dedo no explica el milagro infinito de los sonidos. Esa frase no insulta a la voluptuosidad sino a la carne misma, ese instrumento de músculos, sangre y epidermis, esa nube roja cuyo relámpago es el alma.

▶ Escenarios y protagonistas

Una historia transcurre en determinados lugares en los que se mueven nuestros personajes, escenarios en donde se desarrolla la acción. Puede ser un espacio abierto natural, una ciudad, **el interior de una casa**, una estación de trenes y tantos lugares más. A través de la descripción de un lugar, se pueden transmitir sensaciones y sentimientos, un clima puede dominar todo el relato, la novela o una parte. En la novela de ficción *La sombra del viento,* de Carlos Ruiz Zafón, la Barcelona misteriosa y gótica está presente a lo largo de una historia de amor trágico en la primera mitad del siglo XX. Podría decirse que Barcelona es un personaje protagónico.

Dentro del género autobiográfico, un ejemplo es *Memorias*

de África, de Isak Dinesen, cuyo nombre real era Karen Christence Blixen–Fineck. El libro es la descripción amorosa de su relación con África, la pasión que sentía por su gente, sus paisajes y su cultura. Poco dice de la historia de amor que inmortalizaron **Meryl Streep y Robert Redford** en el cine. La presencia de África cruza todo su libro. Tal era su devoción por ese país que aprendió suajili para integrarse con los aborígenes que la apodaron hermana leona.

Otro ejemplo, en este caso de Carson MacCullers, una escritora sumamente visual. El relato *La Balada del Café Triste* comienza con la descripción del pueblo y la casa donde transcurre la acción cuando la historia ya ocurrió. Es un cuento que comienza con "una foto" del final.

> El pueblo de por sí ya es melancólico. No tiene gran cosa, aparte de la fábrica de hilados de algodón, las casas de dos habitaciones donde viven los obreros, varios melocotoneros, una iglesia con dos vidrieras de colores, y una miserable calle mayor que no medirá más de cien metros. Los sábados llegan los granjeros de los alrededores para hacer sus compras y charlar un rato. Fuera de eso, el pueblo es solitario, triste; está como perdido y olvidado del resto del mundo. [...] Los inviernos son cortos y crudos y los veranos blancos de luz y de un calor rabioso.
>
> Si se pasa por la calle mayor en una tarde de agosto, no encuentra uno nada que hacer. El edificio más grande, en el centro mismo del pueblo, está cerrado con tablones clavados y se inclina tanto a la derecha que parece que va a derrumbarse de un momento a otro. Es una casa muy vieja: tiene un aspecto extraño, ruinoso, que en el primer momento no se sabe en qué consiste; de pronto cae uno en la cuenta de que alguna vez, hace mucho tiempo, se pintó el porche delantero y parte de la fachada; [...]

¿Acaso no provoca una sensación de melancolía y abandono? Sin duda el título colabora con la descripción. Una segunda lectura permite descubrir distintas formas, texturas, colores, movimiento, temperatura y una desolación infinita. Se trata de una **historia de amor de dos seres condenados** a no vivirla: una mujer fea, grandota, medio hombruna y un enano que una noche llega al pueblo. Vale la pena leerlo, también la digresión de un par de páginas, en la mitad del relato, que se hace sobre el amor.

Las descripciones pueden ser estáticas o mostrar los espacios según avanza la acción, tal como lo haría una cámara cinematográfica. En *Casa tomada* de Julio Cortázar tenemos de los dos tipos:

> Cómo no acordarme de la distribución de la casa. El comedor, una sala con gobelinos, la biblioteca y tres dormitorios grandes quedaban en la parte más retirada, la que mira hacia Rodríguez Peña. Solamente un pasillo con su maciza puerta de roble aislaba esa parte del ala delantera donde había un baño, la cocina, nuestros dormitorios y el living central, al cual comunicaban los dormitorios y el pasillo. Se entraba a la casa por un zaguán con mayólica, y la puerta cancel daba al living. De manera que uno entraba por el zaguán, abría la cancel y pasaba al living; tenía a los lados las puertas de nuestros dormitorios, y al frente el pasillo que conducía a la parte más retirada; avanzando por el pasillo se franqueaba la puerta de roble y más allá empezaba el otro lado de la casa, o bien se podía girar a la izquierda justamente antes de la puerta y seguir por un pasillo más estrecho que llevaba a la cocina y el baño.

Y esta otra:

> Nuestros dormitorios tenían el living de por medio, pero de noche se escuchaba cualquier cosa en la casa. Nos oíamos respirar, toser, presentíamos el ademán que

conduce a la llave del velador, los mutuos y frecuentes insomnios.

Aparte de eso todo estaba callado en la casa. De día eran los rumores domésticos, el roce metálico de las agujas de tejer, un crujido al pasar las hojas del álbum filatélico. La puerta de roble, creo haberlo dicho, era maciza.

El tiempo verbal de las descripciones puede seguir el de la novela o no. Gustave Flaubert, por ejemplo, realiza las descripciones del espacio de la novela *Madame Bovary* en presente del indicativo a pesar de que el desarrollo se narra en pasado, es decir, cuando los hechos ya ocurrieron. Vargas Llosa lo explica así en la mencionada *Orgía perpetua*:

> La acción desaparece. Lo que se muestra es la exterioridad, la forma, la perspectiva. Nada se mueve, no corre el tiempo, todo es materia y espacio como en un cuadro. Cuando los hombres son descritos en este plano temporal, pasan a ser una postura, una mueca, un ademán sorprendido por el lente de una cámara fotográfica [...] Este tiempo es, por excelencia, el del narrador: él actúa como intermediario principal entre la realidad ficticia y el lector, él, convertido en unos ojos ávidos y petrificadores y unas palabras que hacen las veces de pinceles, asume casi enteramente la responsabilidad de trazar las formas y develar los contenidos.

Las descripciones pueden ser objetivas cuando se muestran las cosas tal como se ven o subjetivas cuando responden a la **sensibilidad del narrador**, también pueden ser estáticas o dinámicas. Deben estar al servicio de la narración, obedecer a un propósito que se refleja en la acción. Sin embargo, no siempre es necesario describir los espacios. Hay relatos en los que las referencias espaciales son pocas o ninguna, Cortázar es un ejemplo, salvo cuando los lugares tienen un papel protagónico, los describe poco porque la narración está atenta a la acción, al tiempo y a los personajes.

Pasemos ahora a los **personajes–personas** que se mueven en esos espacios. A lo largo de estas páginas se ha usado el término 'personaje' para referir tanto a un protagonista real como a uno ficticio, que si bien coincide con la definición de la RAE: personaje se define como "cada uno de los seres reales o imaginarios que figuran en una obra literaria, teatral o cinematográfica", no sucede lo mismo con los postulados de la literatura tradicional, que diferencia a las personas de los personajes: las primeras pertenecen al mundo real, mientras que los segundos a la ficción, y pueden ser de cualquier tipo de **seres vivos, humanos, animales, dioses,** incluso objetos inanimados a los que se da vida. El tratamiento de unos y otros es similar, sobre todo en narrativa familiar y en la creación de narradores, recordar Cecil y Cupido. Pensar en términos de 'personaje' cuando se trata de seres reales –sobre todo si son cercanos–, permite mirarlos con extrañeza para lograr la distancia necesaria que se requiere en el acto de escribir.

El origen de estas palabras son por demás significativas: 'personaje' deriva de 'persona', pero 'persona' tiene su origen en el latín *persona* que viene del verbo *personare* que significa resonar. Era **la máscara que usaba un actor** de teatro para *per sonar,* es decir para sonar fuerte.. En la antigua Grecia, las máscaras de los actores expresaban sentimientos de tristeza, alegría, horror, sorpresa y tenían una abertura a la altura de la boca que posibilitaba que la voz, al salir por un solo y pequeño lugar, lograra un sonido potente y penetrante.

¿Cómo, desde aquel origen, la palabra 'persona' llegó

a referirse a ser humano? Queda abierta la pregunta para quienes quieran investigarlo.

Así las cosas, cuando se trata de dar vida a personas o personaje, debemos conocerlos a través de las palabras y, ahora, en ese "conocer" deberíamos incluir al autor cuando es el protagonista o uno de los protagonistas de su historia.

En el apartado "Bucear en el pasado" vimos la importancia de lograr una reconstrucción fidedigna de los hechos del pasado y también se puntualizaron diversos recursos para obtener información. Ahora agregaremos algunos específicos para construir o reconstruir el perfil de personas–personajes de nuestras historias. Nuestros antepasados casi siempre son unos **perfectos desconocidos** –con suerte tenemos recuerdos deshilachados que pasaron a través de generaciones– de los que a veces no se conocen ni los rostros. Antes de escribir sobre ellos es recomendable hacer una ficha descriptiva de la persona–personaje como hacen algunos escritores profesionales con los personajes de ficción.

Los que recién se inician pueden recurrir a páginas de la Web del estilo *Las 70 preguntas que deberías contestar para construir un personaje* que sirven como guía para reunir y organizar la información. Si se trata de personas reales y cercanas muchas respuestas a esas preguntas nos vienen dadas –nombres, filiación, fechas, hechos– pero siempre es más lo que no sabemos. En uno de este tipo de cuestionarios se destaca una pregunta indicativa del grado de conocimiento que se debería lograr: ¿qué tiene en los bolsillos el personaje? Tal vez no queda nadie vivo que pueda decirnos qué tenía el abuelo Pablo en sus bolsillos, pero es seguro que después de trabajar nuestro personaje estaremos en condiciones de inferirlo. Otros cuestionarios a los que se puede recurrir son los mencionados en el apartado "Entrevistas".

Recordemos que para reconstruir el perfil de una persona–personaje deberemos recurrir en muchos casos a la imaginación y recordemos también que para imaginar primero hay que investigar. ¿Por qué es necesario todo este trabajo previo? Solo si conocemos íntimamente a nuestro protagonista, al ponerlo en acción sabremos qué piensa, qué siente, qué dice y por qué actuó de tal o cual manera.

Otra fuente importante en este tema son los comentarios de los escritores profesionales. Muchos tienen algo que decir acerca de cómo construyeron sus personajes. La creación de personajes de ficción debe ser verosímil, de manera que el lector piense que es una 'persona' real, por eso es útil escucharlos.

María Esther de Miguel, que escribía sobre personajes reales, dijo algo bien interesante acerca de cómo lo hacía y de las dificultades que presentan:

> A veces robás sus características de la realidad: tomás una cara, una voz... A veces los sacás de otra novela. A medida que avanza la historia vas encontrando los detalles y muchas veces retrocedés para agregarlos. De entrada, no tengo un personaje acabado, ni siquiera cuando se trata de personajes históricos. En la Historia están los datos, las fechas, las familias. Pero el personaje lo armás vos con tu imaginación.
>
> Si en el imaginario colectivo un personaje es de determinada manera no te podés apartar mucho. El personaje histórico da más trabajo en lo técnico, más trabajo artesanal. No podés zafarte de los documentos. Yo, cuando dudaba, les daba un golpe de teléfono a historiadores como Félix Luna o a Hebe Clementi o a María Sáenz Quesada. Cuando trabajé sobre Urquiza me fueron surgiendo escenas: cómo podía ser una tertulia, qué conversaciones podía tener. Ahí salió el hombre culto, el estadista, el guerrero" .

Alicia Steimberg contó en una entrevista que construyó uno de sus personajes recordando a su abuela materna pero **haciéndola maligna**; para otro, fundió en uno solo a varios de sus amigos simpáticos y en otro mezcló sus fantasías adolescentes de una mujer sensual y atractiva con la imagen de las actrices de la década del cincuenta. Magdalena, su personaje más famoso por la novela *Cuando digo Magdalena*, Premio Planeta 1992, lo creó frente a un espejo que enalteciera lo mejor de sí misma.

Las personas–personajes protagonistas tienen que ser seres vivos, humanos, por lo tanto contradictorios, impredecibles, buenos, malos, con **costados miserables y otros generosos**, con debilidades y fortalezas, que cambian –para bien o para mal– a través del tiempo.

En el taller suelo proponer un ejercicio que consiste en hacer el retrato de una persona cercana y de otra que no lo es y después pido que reflexionen sobre qué pasó mientras escribían uno y otro. Invariablemente a la persona con la que tienen vínculos afectivos la describen dejándola "bien parada". A veces se deslizan en el texto, por lo general de manera inconsciente, las "cuentas pendientes" que se tienen con determinadas personas. Resentimientos, desvalorizaciones, pueden percibirse detrás de una descripción o de la narración de un hecho aparentemente objetivo. En estos casos ayuda tener uno o más **lectores críticos** del borrador terminado que puedan señalarlo.

No pensar en los familiares mientras se escribe ayuda a hacerlo libre de presiones, sobre todo para poder avanzar con el primer borrador.

El retrato es una técnica que permite hacer visible y cercano a un personaje. Es como una foto en el tiempo. El retrato

187

puede detallar características físicas, psicológicas, morales o costumbristas. Vale regresar al apartado "Las palabras pintan".

Truman Capote fue conocido por los retratos que hacía sobre los personajes de su época: Marlon Brando, Elizabeth Taylor, Marylin Monroe, Tenesse Williams, Charlie Chaplin, Pablo Picasso, Coco Channel, Mae West, Louis Armstrong, Humphrey Bogart, Isak Dinesen, entre otros. Se pueden leer en su libro *Retratos*.

Tenía un estilo directo, a veces cargado de **comentarios ácidos**. Algunos de los retratos que hizo de personas de la alta sociedad neoyorquina provocó que lo dejaran fuera de ese círculo social que alguna vez lo había endiosado.

Veamos su estilo en el retrato de la escritora Isak Dinesen. Es muy bueno. Lo escribe después de visitarla en su casa de Rungsted, cerca de Copenhague. La baronesa, ya era una mujer mayor, sufría las consecuencias de la sífilis que le había contagiado su marido cuando vivían en África.

> La baronesa, que pesa como una pluma y es tan frágil como un puñado de conchas, recibe a sus visitantes en un salón amplio y resplandeciente, salpicado de perros dormidos y calentado por una chimenea y una estufa de porcelana; en el salón, como creación imponente surgida de uno de sus propios cuentos góticos, está sentada ella, cubierta de peludas pieles de lobo y tweeds británicos, con botas de prel, medias de lana en sus piernas, delgadas como los muslos de un hortelano, y frágiles bufandas color lila rodeando su redondo cuello, que un anillo sería capaz de abarcar. El tiempo ha refinado a esta leyenda que ha vivido las aventuras de un hombre con nervios de acero: ha matado leones que embestían y búfalos enfurecidos, ha trabajado en una granja africana, ha sobrevolado el Kilimanjaro en los primeros aviones, tan peligrosos, ha curado a los masai. El tiempo la ha reducido a una esencia, igual que una uva se convierte en pasa o una rosa en perfume. [...] Tampoco esos ojos, con kohl en los párpados, profundos,

como animales de terciopelo acurrucados en una cueva, son posesión de mujeres comunes.

Anaïs Nin también fue famosa por sus retratos que escribía para regalar a sus amigos. Veremos uno de la interioridad de una persona que se puede leer en: Tomo III. *Diarios 1939–1944,* de Anaïs Nin.

> Como se sentía insegura de su propia valía y aspecto, llegó a ser absolutamente esencial para ella salir triunfante incluso de la más nimia de las discusiones. Cualquier nadería era cuestión de vida o muerte. No soportaba ceder rendirse, ser convencida o persuadida, desviada, porque todo no era para ella sino una derrota. Tenía miedo de ceder a la pasión, al hambre febril de su cuerpo, y como ponía tanto empeño en controlar ese impulso, acabó por ser esencial en ella no ceder en cuestiones menores, como si constantemente estuviera ejercitando su resistencia y no su capacidad de rendición.

El autor protagonista

El autor protagonista de su historia debe necesariamente partir del **autoconocimiento**. Parecería algo sencillo conocerse a sí mismo, está al alcance de todos y además es gratis, dice una canción. Sin embargo, no lo es. Algunos teóricos piensan que lograrlo es simplemente imposible. El **yo es narcisista, caótico**, en permanente cambio, escondido detrás de máscaras que ni siquiera se pueden reconocer, influenciado por el tiempo y el entorno.

Un camino posible para atravesar esa maraña es partir de un examen de conciencia sincero, un recurso inevitablemente asociado con la confesión cristiana, la culpa y el pecado. El autoconocimiento es imprescindible para emprender el viaje autobiográfico durante el cual será necesario una reconciliación entre el que **uno ha sido, el que es y el que desea ser.**

En el acto de narrarse a sí mismo es necesario el ejercicio de desdoblamiento que se hace para crear un personaje de ficción porque el autor protagonista es simultáneamente uno y también es otro. El desdoblamiento es necesario para alcanzar la otredad, es decir colocarse fuera de sí mismo, observarse como otro, para provocar extrañeza y verse en perspectiva.

En ese desdoblamiento el autor se encuentra con distintos yoes que conviven en cada uno como también con los yoes del pasado distintos del yo presente del narrador. Esa pluralidad de seres es tema de la literatura. Entre los más conocidos está la obra de Robert Louis Stevenson *El extraño caso del doctor Jekyll y el señor Hyde,* que narra la historia de un hombre con dos personalidades de características opuestas entre sí, y el cuento *El otro,* de Jorge Luis Borges, que trata de un Borges anciano encontrándose con un Borges joven.

Conocerse es confrontarse. A partir de la revisión crítica de la experiencia y de aceptar lo que ya no será, se puede seguir adelante con el proyecto narrativo de una vida. Una vida sobre la que se es conciente que solo en el relato escrito no tiene final. Esto no implica una desesperanza, más bien lo contrario. Anna Caballé y Joana Bonet, estudiosas del género del yo, consideran que toda narración del pasado contiene **esperanza de futuro**. La esperanza sostiene y convierte el pasado en un proyecto.

Una breve digresión para los interesados en profundizar sobre el género. Anna Caballé es profesora titular de Literatura

Española de la Universidad de Barcelona y Joana Bonet es escritora y periodista. Para ambas el futuro de la literatuta está en la no ficción y lo sostienen en base al estudio realizado para escribir *Ensayo sobre literatura autobiográfica en lengua castellana (siglos XIX y XX)*. También son autoras de *Mi vida es mía* que aborda la intimidad de 2363 mujeres a partir de sus diarios personales para ver temas como el amor, la importancia de la escritura, la lucha por la supervivencia y la maternidad.

 # Sobre el estilo

> Cree en ti, pero no tanto; duda de ti, pero no tanto.
> Cuando sientas duda, cree; cuando creas, duda.
> Augusto Monterroso

Abelardo Castillo, en una entrevista realizada por Silvia Hopenhayn para el diario La Nación, cuenta esta anécdota acerca de su iniciación literaria:

> De joven escribí un cuento llamado "El último poeta", del cual yo estaba muy orgulloso, y se lo llevé a un viejo sabio sanpedrino que leía en diez idiomas. El cuento empezaba literalmente así: "Por el sendero venía avanzando el viejecillo". Fue lo único que le leí y resultó ser mi único taller literario, que duró el tiempo que tardé en decir esa primera frase. Me paró en seco y me preguntó: ¿Por qué "sendero" y no "camino"? ¿Por qué " viejecillo " y no "viejo"? Y ¿por qué venía "avanzando" y no "caminando"? – Y ¿por qué "Por el sendero venía avanzando el viejecillo" en vez de "El viejecillo venía avanzando por el sendero", que era el orden lógico? y, además, ¿por qué "el" viejecillo si no conocíamos el personaje y no "un" viejecillo? O sea que en una sola frase yo tenía todos los errores posibles. Entonces yo le dije: "Porque ése es mi estilo, señor". Y él me respondió.

191

"Antes de tener estilo hay que aprender a escribir. Ahí me di cuenta de que la literatura no era sólo viejecillos que venían avanzando por el sendero...

El estilo tiene relación con la forma y con el fondo. Es el modo de escribir: las palabras que se utilizan, cómo se combinan, las técnicas, la mirada personal sobre lo narrado. El estilo es también el universo del escritor conformado por sus experiencias. "El estilo es **una manera de ver el mundo**", dijo Ernesto Sábato. Para Heber Uhart: "El trabajo de un escritor es consigo mismo. ¿Quién le va a enseñar a mirar? Yo miro unas cosas; el otro, diferentes. Hay que confiar en lo que uno mira. Sostener lo que se quiere contar."

Dos escritores pueden usar las mismas técnicas, tratar los mismos temas, elegir igual género pero cada uno lo hará en su estilo. El lenguaje puede ser formal, poético, coloquial, florido, científico, espontáneo (nada cuesta tanto trabajo como lograr un texto "espontáneo"), puede ser más textual que visual, más narrativo que descriptivo, transmitir información, tener un *leitmotiv,* humor, usar narradores o estructuras peculiares... En fin, son muchas las variables que conforman un estilo personal.

¿Qué dicen los escritores profesionales acerca del estilo? Albalat decía que el estilo es el arte de apreciar el valor de las palabras y las relaciones de éstas entre sí. Las tres cualidades son: **originalidad, concisión y armonía**. Para Flaubert era importante la musicalidad de las frases y por eso leía y releía sus textos a viva voz. Se cuenta que cuando el editor, por razones legales, le pidió que cambiara unos nombres de su libro *Madame Bovary,* el escritor tuvo un ataque nervioso. Lo solucionó con otros que sonaban igual. De él es esta poética frase sobre el estilo: "Es importante que las palabras se agiten en un libro como **las hojas en un bosque, todas diferentes en sus similitudes".**

La economía de palabras es una de las reglas de oro de la literatura y no se debe confundir con ser lacónico, sintético o con el desarrollo pobre o superficial de un tema. Monterroso lo explica con precisión: "Lo que puedas decir con cien palabras **dilo con cien palabras**; lo que con una, con una. No emplees nunca el término medio; así, jamás escribas nada con cincuenta palabras". Seymour Menton también habla de concisión y de saber elegir la palabra precisa y única. Guy de Maupassant buscaba la que tuviera alma. Recordemos el texto de Herman Hesse sobre la palabra pan (pág. 35).

Si pensamos en el uso de los adjetivos, recordemos a Ernest Hemingway: "No quieras ser Shakespeare. Evita el uso de adjetivos, especialmente los extravagantes como hermoso, grande, magnífico, maravilloso". Alejo Carpentier tiene una frase "los adjetivos son las arrugas del estilo" con la que inicia un breve e imperdirle ensayo sobre el uso de los adjetivos (está en la Web) y que termina con la recomendación de usar los "más concretos, simples, directos, definidores de calidad, consistencia, estado, materia y ánimo".

En relación a los diálogos repasemos lo que vimos en el apartado "Algo sobre diálogos" (pág, 162): es importante que suenen naturales, similares a los verdaderos, que aporten información y, aunque parezca obvio decirlo, que sean un intercambio entre más de dos personas y no una excusa para que un personaje diga un largo parlamento. En ese caso, mejor pensar en el monólogo como recurso.

Otros tics que conspiran para lograr un buen estilo son el uso de mayúsculas para enfatizar; puntos suspensivos cuando, en realidad, no se sabe cómo seguir; eufemismos como "partió" por "murió y estar atento a lugares comunes porque el paso del tiempo agrega nuevos como "mariposas en el estómago", hermoso pero demasiado usado. ¿Quién los habrá escrito por primera vez?

Elmore Leonard, escritor estadounidense de novelas de misterio y policiales escribió sus propias reglas de estilo. Aquí algunas:

> 1. Nunca empieces un libro hablando del clima. Si sólo te sirve para crear atmósfera y no es una reacción del personaje al clima, no debes usarlo demasiado. 2. No uses más que "dijo" en el diálogo. Es bastante menos intruso que "gruñir", "exclamar", "preguntar", "interrogar"... 3. Usar un adverbio para modificar el verbo "decir" es un pecado mortal. 4. Controla los signos de exclamación. Se permiten alrededor de dos o tres exclamaciones por cada 100.000 palabras en prosa. 5. Nunca uses palabras como "de repente" o "de pronto". 6. Usa términos dialectales muy de vez en cuando. 7. Evita las descripciones demasiado detalladas de los personajes, lugares y cosas. 8. Eliminar todo aquello que el lector tiende a saltarse.

> Mi regla más importante es una que las engloba a todas: Si suena como lenguaje escrito, lo vuelvo a escribir. Si la gramática se inmiscuye en la historia, la abandono. No puedo permitir que lo que aprendí en clase de redacción altere el sonido y el ritmo de la narración.

Ejercicios 10

10.1. Describir un huevo (200 palabras).

10.2. Continuar y terminar el cuento *La colección,* de A. Chejov respetando el estilo y el punto de vista.

Hace días pasé a ver a mi amigo, el periodista Misha Kovrov. Estaba sentado en su diván, se limpiaba las uñas y tomaba té. Me ofreció un vaso.

—Yo sin pan no tomo —dije—. ¡Vamos por el pan!

—¡Por nada! A un enemigo, dígnate, lo convido con pan, pero a un amigo nunca.

—Es extraño... ¿Por qué, pues?

—Y mira por qué... ¡Ven acá!

Misha me llevó a la mesa y extrajo una gaveta:

—¡Mira!

Yo miré en la gaveta y no vi definitivamente nada.

—No veo nada... Unos trastos... Unos clavos, trapitos, colitas...

—¡Y precisamente eso, pues y mira! ¡Diez años hace que reúno estos trapitos, cuerditas y clavitos! Una colección memorable.

Y Misha apiló en sus manos todos los trastes y los vertió sobre una hoja de periódico.

—¿Ves este cerillo quemado? —dijo, mostrándome un ordinario, ligeramente carbonizado cerillo—. Este es un cerillo interesante. El año pasado lo encontré en una rosca, comprada en la panadería de Sevastianov. Casi me atraganté. Mi esposa, gracias, estaba en casa y me golpeó por la espalda, si no se me hubiera quedado en la garganta este cerillo. ¿Ves esta uña? [...]

10.3. Corrección: sacar las palabras que sobran*.

En las dos frases 1 y 2 hay una palabra más que en el original, en la 3 y 4 sobran dos y en la 5 y 6 sobran 3:

1. Me levanté de un salto y corrí velozmente al dormitorio.
2. Era estremecedor el desamparo de esa mujer, aislada por una infranqueable barrera de locura.
3. Ya no se oía el ruido del tiroteo.
4. En las manos del indio, el arco dejó de ser una pieza de museo y se volvió un objeto con vida propia.
5. El pobre Juan tenía una sola y única debilidad: la música.
6. Su biblioteca atesora centenares de volúmenes en sus estantes.

Soluciones:
1. Me levanté de un salto y corrí al dormitorio.

JUAN JOSÉ MANAUTA
2. Era estremecedor el desamparo de esa mujer, aislada por una barrera de locura.

CRISTINA FERNÁNDEZ BARRAGÁN
3. Ya no se oía el tiroteo.

MANUEL GÁLVEZ
4.En las manos del indio, el arco dejó de ser una pieza de museo y se volvió un objeto vivo.

SYLVIA IPARRAGUIRRE
5. El pobre Juan tenía una debilidad: la música.

LEOPOLDO LUGONES
6. Su biblioteca atesora centenares de volúmenes.

CARLOS BÉGUE

10.5. Hacer una lista de los posibles capítulos que podría tener la historia que querés contar.

---

* Ejerciciio del libro Taller de corte y corrección de Marcelo di Marco

196

▶ Corregir es escribir

Escribir es un oficio que se aprende escribiendo
Simone de Beauvoir

Al fin ponemos un punto final a nuestra historia. Sin embargo, no hemos terminado porque lo que tenemos en nuestras manos es **el primer borrador completo.** Pasaron meses, ¿años? desde que que empezamos con las primeras palabras y corresponde celebrar el trabajo realizado. Llegó el momento de imprimirlo. No solo porque la corrección sobre el papel tiene ventajas sino porque ver la obra en papel no se compara con un archivo virtual. La satisfacción corre paralela al esfuerzo que nos demandó. Y además el antiguo refrán "escribir un libro, plantar un árbol y tener un hijo" está más presente de lo que imaginamos.

En el proceso han ocurrido grandes cosas, aprendimos sobre la escritura, mucho sobre nosotros mismos y seguro que además fuimos protagonistas de situaciones extrañas como encontrar en un teatro, en la butaca de al lado, a ese primo que no veíamos desde hacía 30 años. Me pasó encontrar *Raíces* tirado en la calle, mientras escribía este libro. No lo había leído y sobre todo no tenía presente la importancia que tiene dentro del género. **Hechos sorprendentes** que, como dijo Borges, atribuimos al azar debido a "nuestra ignorancia de la compleja maquinaria de la causalidad".

Lo ideal es guardar el borrador un tiempo, vencer el impulso de mandárselo a algún editor interesado (si tenemos la intención de publicar) hasta tener los ojos frescos para empezar otra fase importante de la escritura que es **la corrección.** No todos los autores esperan terminar el libro

197

para corregir y lo hacen a medida que avanzan, pero igual es necesario hacer una nueva revisión al finalizarlo.

Y llegó el momento en el que debemos estar dispuestos a afrontar que no nos guste lo hecho y que surjan las dudas del inicio como **¿a quién puede importarle** esto? Bueno, hay que pasarlo. También, sobre todo los muy obsesivos, saber que una corrección reduce los errores pero no los elimina totalmente. Pensar un libro libre de errores es una fantasía.

La corrección no significa ir en contra de la espontaneidad y la frescura de un texto y va más allá de revisar la ortografía, afinar una frase, quitar palabras o una oración aquí y allá o perfeccionar una metáfora. La corrección hay que pensarla como la oportunidad de contestarse qué es lo que uno quiso decir a través de lo escrito. Samanta Schweblin, una joven escritora argentina, dice que un buen cuento te regresa a tu mundo con **algo distinto**, como una suerte de revelación con algo nuevo que se ha aprendido o entendido, algo del mundo o de uno mismo, una búsqueda. Yo diría exactamente lo mismo de una historia real.

Aprender a corregirse es aprender a escribir. Se trata de un trabajo **lento y esmerado** que al principio se vive como algo latoso pero, aun cuando parezca increíble, con el tiempo se descubre placentero. El primer proceso de corrección se conoce con el nombre de *editing* o edición de mesa, que es la revisión necesaria para que el texto refleje lo que se quiere transmitir en contenido y forma. No debe confundirse con la corrección de estilo, que es la que se ocupa de la ortografía, la gramática, la semántica y la claridad de un texto. Lo cierto es que ya plasmada la historia podemos tener la apertura necesaria para detenernos a pensar si transmitimos lo que nos propusimos, así como analizar la precisión del lenguaje o mejorar la manera de moldear una idea o un sentimiento complejo, o simplemente eliminar lo que sobra.

Para el editing –se puede recurrir a profesionales, pero es un trabajo costoso–, son útiles los marcadores de colores y el control de cambios del Word, las fichas de papel o la libreta, para señalar y anotar lo que asociamos mientras leemos. Las preguntas que deberíamos hacer son: ¿qué estoy tratando de decir con lo que estoy contando?, ¿en alguna parte se vuelve aburrido?, ¿he encontrado mi verdad?, ¿me quedé en la superficie en este capítulo?, ¿dónde comienza realmente mi historia?, ¿escribí párrafos que ahora podría cortar?, ¿puedo crear suspenso?, ¿hay datos que no he verificado?, ¿es claro tal o cual pasaje?, ¿las descripciones son funcionales o decorativas?, ¿los diálogos son creíbles?, ¿se mantiene el nivel del lenguaje?, ¿falta alguna escena o hecho importante?, ¿puedo mejorar el ritmo?

Algunas respuestas no aparecen enseguida, a veces llegan mientras estamos a punto de dormir, en la ducha, o en el colectivo cuando miro sin ver a través de la ventana. Las preguntas quedan rondando y con el tiempo llegan soluciones creativas. No se escribe solo cuando se está frente a la PC. La corrección de obras autobiográficas es un poco más compleja que la de otros géneros porque, además de mejorar la estructura y la prosa, implica profundizar en uno mismo. Ocurre que, en el proceso, la memoria no deja de recordar y tampoco se detiene el autodescubrimiento. La pregunta que podría surgir es ¿entonces cuándo se termina un libro?, pero lo cierto es que siempre se conoce la respuesta.

Leer en voz alta y buscar un **lector confiable** son recursos útiles. Respecto de lo primero basta con salir al balcón o al jardín y leer en voz muy alta como hacía Flaubert, pero buscar lectores es más complicado. Alguien involucrado en la historia no es el más apropiado porque estará más atento al lugar que ocupa que a la obra. En cualquier caso es recomendable no pedir devoluciones del tipo "¿Te gustó?". Si es alguien que no es entendido, lo ideal es preguntar qué siente, es decir el registro que tiene de lo escuchado porque es valioso para el autor saber el efecto que provoca un texto. Lo mejor es hacer preguntas concretas, sobre las partes que a uno le hacen ruido, cuando sabemos que algo está fallando pero no nos damos cuenta de cuál es el error. El taller especializado en géneros referenciales suele ser el lugar más adecuado para recibir sugerencias porque se trata de las opiniones de otros autores y tiene la presencia de un coordinador.

Los **diccionarios son imprescindibles** cuando tenemos dudas acerca del real significado de una palabra porque no es raro confundirse. Uno de mis diccionarios preferidos es el *Diccionario Ideológico de la Lengua Española* de Julio Casares, a través del cual se localizan las palabras según su asociación a una idea. Es imposible no encontrar la palabra justa que se necesita.

Lo más común son las **repeticiones** de palabras, muchas veces en un par de párrafos se repite varias veces la misma, por lo común basta con eliminarlas, pero si no fuera posible la mejor solución no siempre es un sinónimo. A veces deben reescribirse los párrafos. En ocasiones una repetición puede sugerir una anáfora. En un texto extenso se debe estar atento a los giros que se usan con frecuencia, frases calcadas o párrafos con el mismo patrón de fondo. Es necesario encontrar la manera de eliminarlos.

El programa Word tiene una herramienta que posibilita encontrar palabras en segundos siempre y cuando las hayamos identificado. El autor no siempre logra hacerlo solo.

"Hay que **matar a los seres queridos**" es una

conocida frase de Hemingway, quien llamó "seres queridos" a los adjetivos, frases y párrafos que han quedado fantásticos pero deslucen la historia. Puede ser una escena entera o una página a la que le dedicamos días de trabajo... ¡Sí, un lagrimón por cada palabra eliminada! Ah, no olvidemos asesinar adverbios y estar preparados para decidir si deberíamos reescribir gran parte de lo hecho.

La corrección no puede ser indefinida, en algún momento se debe **dar por terminada** porque en cada lectura volveremos a encontrar algo por corregir. Bien conocida es la frase de Jorge Luis Borges que decía que publicar era la única manera de dejar de corregir.

Si escribimos solo con la intención de ser leídos por familiares o amigos y no queremos dedicar más tiempo a esta tarea, basta con una corrección de estilo (no sería bueno que alguno de ellos descubriera un error fatal de ortografía). Igual será un regalo inigualable que pocos tienen el privilegio de recibir, pero si la intención es publicar, la corrección es cosa seria.

Antes de avanzar con formas de publicación nos detendremos en tres cuestiones fundamentales. La primera es el cuidado que se debe tener con una obra terminada aun cuando los destinatarios sean hijos o amigos. Detesto que alguien diga que hará una impresión casera y un anillado en el kiosco de la esquina. Un trabajo que ha costado "sangre, sudor y lágrimas" –y me disculpo por el lugar común– merece convertirse en un objeto libro equiparable al trabajo que demandó y al cariño por los receptores. No implica gastar mucho dinero. Hoy, a través de la Web podremos encontrar páginas para diagramaciones sencillas, después de lo cual se puede imprimir en casa y buscar una imprenta que ofrezca el servicio de encuadernación. También se puede aprender a hacerlo, no es demasiado complicado. Si se dispone de un poco de dinero, están las ediciones digitales para pocos ejemplares.

El otro tema es no esperar una devolución inmediata de nuestros lectores. Lo más probable es que de los familiares se reciban pocas. Los más entusiastas serán los amigos. ¿Acaso no nos encantaría leer la vida de un amigo más que la de Paul Auster por lindo que sea? Mis hijos tardaron años en leer mi primer libro en el que estaban involucrados, entonces pensé que eran demasiado pequeños para interesarse, pero después de trabajar con grupos de autobiógrafos he comprobado que con los hijos adultos pasa lo mismo. Son los nietos o los sobrinos quienes se interesarán en nuestra historia. Uno podría preguntarse entonces si vale la pena escribirla. Me alcanza con que yo lo quiera.

El último tema tiene relación con el prólogo, el prefacio y la introducción. La RAE los considera sinónimos pero hay diferencias. El primero lo hace un escritor reconocido o una autoridad en la materia sobre la que trata el libro y presenta tanto al autor como la obra. El segundo es el que escribe el autor.

El prólogo va después de las dedicatorias y de los agradecimientos (puede ir al final). Se titula "prólogo", con cualquier otra palabra o palabras o con ninguna. Una obra puede tener varios (recordar que *Mientras escribo* tiene tres del propio King).

El prefacio del autor refiere a los motivos del libro, a reconocimientos y, según Félix Luna (fue mi primer prologuista y quien me habló de la importancia de hacer el prefacio al terminar un libro) es adecuado para "salvar" lo que requiera justificación. Va después del prólogo y antes de la introducción que, en el caso de los géneros referenciales, suele referirse al proceso de la escritura, a la investigación, los procedimientos, fuentes y convenciones del libro. También puede ir al final como "Notas"*.

La **voz del autor** es necesaria en las obras referenciales. Es la última oportunidad para hablar sobre lo que se ha escrito y será lo primero que leerá el eventual lector. Cuando eso ocurra el libro ya dejó de pertenecernos, lo tienen otras manos y lo verán otros ojos, que lo interpretarán a su manera.

▶ Un espía en la familia

El libro de cuentos de Fleur Jaeggy *El último de la estirpe*, publicado recientemente, tiene un cuento inquietante que se llama *Soy el hermano de XX* y comienza así;

> Soy el hermano de XX. Soy el niño del que en aquel entonces hablaba ella. Y soy el escritor del que ella nunca ha hablado. Tan sólo mencionado.
> Mencionó mi cuaderno negro. Escribió sobre mí. Contó incluso conversaciones en casa. En familia. Cómo podía saber que sentada a nuestra mesa había una espía. Que había una espía en casa. Pues era ella, mi hermana. Tiene siete años más que yo. Ella observaba a mi madre, la nuestra, a mi padre, el nuestro, y a mí. Pero no me importaba que mi hermana nos observara. A todos nosotros juntos. Y que luego fuera por ahí a contarlo.

La trama de este cuento va en otra dirección pero el

---

* Recomiendo el "Cuaderno de Notas" de Marguerite Yourcenar del libro *Memorias de Adriano*. En primera persona se cuenta el proceso de elaboración de la obra y de las fuentes bibliográficas en que basó su reconstrucción de la época y del personaje.

inicio expone el conflicto que puede suscitar en una familia, o en alguno de sus miembros, que se escriba sobre asuntos que violan ciertas lealtades que se consideran implícitas. En el apartado "Mi verdad, tu verdad, la verdad" (pág. 51) nos acercamos a ese tema en cuanto a que uno tiene el derecho a escribir sobre su verdad como el otro tiene el derecho a escribir sobre la suya. La pregunta es ¿se puede **escribir sin herir o avergonzar** a alguien? Siempre hay maneras de decir las cosas, sin embargo los hechos son hechos y, si no, pensemos en Delphine de Vigan y el secreto familiar que devela en su libro N*ada se opone a la noche*. La escritora narradora se pregunta:

> ¿Tengo derecho a escribir que mi madre y sus hermanos fueron todos, en un momento u otro de sus vidas (o durante toda su vida), heridos, dañados, desequilibrados, que todos conocieron, en un momento u otro de sus vidas (o durante toda su vida), una gran pesadumbre, y que llevaron su infancia, su historia, sus padres, su familia, como marcada a fuego?
> ¿Tengo derecho a escribir que Georges fue un padre nocivo, destructor y humillante, [...]

El impacto que provocó en la familia está reflejado en su último libro *Basado en hechos reales*. Acerca de esta problemática, otro escritor, David Vann, nacido en Alaska, que escribe novelas autobiográficas, ha dicho: "lo peor que puede pasarle a una familia es tener un escritor en ella".

¿Es una opción dar a leer las partes a quienes están implicados? Para algunos puede ser una solución. Es posible que esa persona se sienta agradecida o no. Anaïs Nin proponía a quienes incluía en sus diarios cambiar el nombre, pero si el aludido quería modificar o borrar una parte de lo escrito, ella lo eliminaba por completo. La experiencia de Nin fue que nadie quiso quedar fuera de sus libros.

Cuando me hacen estas preguntas no doy una respuesta contundente, posiblemente porque no la tengo. Quiero que el autor sea fiel a sí mismo. Una solución del problema tal vez esté en las respuestas a las **preguntas éticas** que uno debería hacerse: ¿quiero lastimar?, ¿quiero mentir?, ¿es una verdad que resulta del amor?, ¿es por catarsis?, ¿es para curar o curarme?

Es raro que un familiar realice acciones legales, pero si se temiera que algo de lo escrito pudiera ser considerado **difamación**, bastaría relativizar con alguna frase que deje en claro que es una opinión, un recuerdo vago, o cualquier expresión de ese tipo. También se puede recurrir a asesoramiento legal, pero suele ser un camino que emprende aquel que en el fondo no quiere escribir.

Otra solución posible ante dilemas de tipo emocional, legal o ético es llamar novela a nuestra historia. Anaïs Nin escribió en el ensayo *La novela del futuro*: "La ficción nació probablemente no solo por una necesidad de la imaginación sino por el problema del tabú sobre ciertas revelaciones, como una respuesta a las limitaciones impuestas por los retratos de los demás". Interesante observación. Anaïs es una extraordinaria testigo del tiempo que le tocó vivir. Su fama la obtuvo por sus diarios personales (siete tomos), no por sus novelas que pasaron desapercibidas.

Si se decide escribir una novela de ficción con material autobiográfico lo aconsejable es disfrazar a los personajes, cambiar los nombres, y el autor –aunque se parezca a alguno de los protagonistas– nunca debería explicitar que es la propia historia.

Libros

Nada se opone a la noche, de Delphine de Vigan

De Vigan escribió su primer libro en el 2001 basado en su experiencia con la anorexia. *Días sin hambre* se publicó bajo el seudónimo de Lou Delving por pedido de su padre.

Diez años después publicó *Nada se opone a la noche,* la historia intensa y dolorosa de su familia materna. Atrapa desde la primera línea cuando descubre que su madre se ha suicidado. La autora se propone entender qué hay detrás de esa decisión y logra una buena mezcla entre lo autobiográfico puro y la historia novelada de Lucile, su madre.

Está dividido en tres partes con 26, 20 y 13 capítulos en cada una, que tienen entre siete páginas promedio y no llevan título ni número. Son profusos los blancos activos. La narración comienza por el final de la historia, la técnica *in extrema res*, expresión que significa "en el extremo de las cosas". Se sirve de dos narradores: la autora en primera persona y una tercera omnisciente que relata la vida de la madre desde que es niña hasta que De Vigan ya puede dar testimonio de los hechos vividos por la madre y entonces pasa a la primera persona.

Recorreremos algunos párrafos para ver un texto con distintos narradores y en distintos momentos en el tiempo. Es posible que ahora no lo entiendas. No importa. Más adelante podrás volver a estas páginas. Ahora aconsejo solo leer y dejar los conceptos flotando en alguna parte de la memoria.

El primer capítulo comienza cuando Delphine descubre la muerte de su madre. La escena es narrada dos años después de ocurrida y luego la trama avanza a través de una serie de hechos (también se retrocede a un hecho anterior a la muerte) hasta llegar al presente de la autora–narradora, que es cuando está escribiendo este libro. El primer capítulo incluye además un retrato de Lucile que provoca interés por el personaje y reflexiones acerca de escribir o no sobre la madre:

> Ya no recuerdo cuándo surgió la idea de escribir sobre mi madre, en torno a ella, o a partir de ella, sé cuánto rechacé esa idea, la mantuve a distancia, el mayor tiempo posible, esgrimiendo la lista de los innombrables autores que habían escrito sobre la suya [...]. Mi madre constituía un campo demasiado vasto, demasiado sombrío, demasiado desesperado: en resumen, demasiado arriesgado.
>
> Dejé que mi hermana recuperase las cartas, los papeles y los textos escritos por Lucile, para llenar con todo un baúl que pronto bajaría al trastero.
>
> Yo no tenía ni sitio, ni fuerzas.
>
> Después aprendí a pensar en Lucile sin perder el aliento: su forma de caminar, la parte superior del cuerpo inclinada hacia delante, su bolso en bandolera y pegado a la cintura, su forma de sostener el cigarrillo, aplastado entre sus dedos, de introducirse con la cabeza gacha en el vagón del metro, el temblor de sus manos, la precisión de su vocabulario, su risa breve, que parecía sorprenderla incluso a ella misma, las variaciones de su voz por la influencia de una emoción cuando a veces su rostro no mostraba ninguna señal.
>
> Pensé que no debía olvidar su humor frío, fantasmal, y su singular predisposición a la fantasía.
>
> Pensé que Lucile se había enamorado sucesivamente de Marcello Mastroianni (ella precisaba: «póngame media docena»), de Joshka Schidlow (un crítico teatral

de la revista Télérama al que nunca había visto pero cuya pluma e inteligencia alababa), de un hombre de negocios llamado Édouard, [...].

Ya no sé en qué momento capitulé, quizá el día que comprendí cómo la escritura, mi escritura, estaba ligada a ella, a sus ficciones, a esos momentos de delirio en los que la vida se había vuelto tan pesada para ella que había necesitado escapar, en los que su dolor sólo había podido expresarse mediante la fábula.

Entonces pedí a sus hermanos que me hablasen de ella, que me contaran. Los grabé, a ellos y a otros que habían conocido a Lucile y a la familia feliz y devastada que era la nuestra. Almacené horas de palabras digitalizadas en mi ordenador, horas cargadas de recuerdos, de silencios, de lágrimas y suspiros, de risas y confidencias.

Pedí a mi hermana que volviese a sacar de su trastero las cartas, los escritos, los dibujos, busqué, rebusqué, rasqué, desenterré, exhumé. Pasé horas leyendo y releyendo, viendo películas, fotos, volví a hacer las mismas preguntas, y otras nuevas.

Y después, como decenas de autores antes que yo, intenté escribir sobre mi madre.

En el segundo capítulo se utiliza la tercera persona para narrar la niñez de Lucile:

Hacía más de una hora que Lucile observaba a sus hermanos, sus saltos desde el suelo hasta la piedra, desde la piedra hasta el árbol, desde el árbol hasta el suelo, en un ballet discontinuo que le costaba seguir, unidos ahora en círculo alrededor de lo que según había adivinado era un insecto pero no podía verlo, a los que inmediatamente se unieron sus hermanas, febriles y apresuradas, intentando hacerse un hueco en medio del grupo. Al ver al bicho, las niñas lanzaron gritos, ni que las estuvieran degollando, había pensado Lucile.

Al finalizar interviene la narradora con la primera persona

del plural, un 'nosotros' para referirse a ella y a sus hermanos. Se mencionan hechos del futuro desde el pasado de la infancia de Lucile

> Años más tarde, cuando también Lucile estaría muerta, mucho antes de convertirse en una anciana, encontraríamos entre sus cosas las imágenes publicitarias de una niña sonriente y natural. Años más tarde, cuando hubo que vaciar el piso de Lucile, descubriríamos en el fondo de un cajón una película entera de fotos del cadáver de su padre, hechas por ella misma y desde todos los ángulos posibles, con un traje beige u ocre, color vómito.

En el tercero y en el cuarto continúa la tercera persona narrando la vida de Lucile y después en el quinto y sexto reaparece la autora, en primera, para contar lo que siente y lo que le pasa con lo que está escribiendo. Muchas noches no puede dormir y en otras no quiere seguir adelante. Tiene derecho a escribir sobre su madre y sus hermanos, se pregunta. Es consciente de que solo escribe su verdad, que los hechos son reales pero no verdades indiscutibles: "Fluctúo entre el periodismo y la literatura, al modo de Truman Capote, o de la Marguerite Duras de *El dolor.* Lo que escribo no es la verdad, es mi verdad."

A partir de ahí en los 20 capítulos siguientes (hasta el casamiento de Lucile) los narradores se alternan. La segunda y la tercera parte del libro son narradas desde el yo de la autora. Ella ya es testigo de la vida de su madre.

El libro termina cuando Delphine vacía el departamento de Lucile. La escena es conmovedora. Desocupar una casa es fuerte y más si se trata de la que habitó un familiar muerto. La narración de Paul Auster en *La invención de la soledad* cuando entra a la casa del padre después de la muerte es inolvidable.

Lydia Flem, una escritora belga, escribió *El recordatorio final: cómo he vaciado la casa de mis padres.* En ambos relatos lo nunca dicho sale a la luz mientras poco a poco se vacía una casa.

Un libro también es su paratexto*. La sugestiva foto de Lucile en la cubierta es imprescindible. Es como la pieza de un rompecabezas que sola no significa nada, pero la historia no estaría completa sin esa pieza y, en este caso, también fue el inicio de otra historia. El impacto de esa foto de la intimidad familiar, repetida miles de veces en librerías y revistas de muchos países del mundo, aparece en el siguiente libro de la autora: *Basado en hechos reales.* Una autoficción apasionante que recrea las implicancias de escribir un libro autobiográfio exitoso que devela un secreto familiar.

Nada se opone a la noche obtuvo el Premio de Novela FNAC, el Premio de Novela de las Televisiones Francesas, el Premio Renaudot de los Institutos de Francia, el Gran Premio de la Heroína Madame Figaro y el Gran Premio de las Lectoras de Elle. Fue traducida a 20 idiomas. En Francia vendió más de medio millón de ejemplares y estuvo meses entre las novelas más demandas.

---

* Paratexto es al conjunto de los enunciados que acompañan al texto principal de una obra, como pueden ser título, subtítulos, prólogo, índice. Unos los genera el escritor, otros el editor como, por ejemplo, la publicidad. Algunos incluyen lo dicho por los autores en entrevistas.

▶ Publicar

Hacer público un libro es una experiencia fuerte, si el libro además es la propia historia hay que prepararse para caminar desnudo por la calle Corrientes. Así se siente. Cuando se publicó mi primer libro *El oficio de la pasión,* Sudamericana, 1992, no quería salir a la calle; quería estar en la cama y con la cabeza tapada. El tema era la gestión cultural en los barrios de Buenos Aires en los inicios de la democracia, pero lo había escrito en primera persona y contaba muchas vivencias personales, algunas bastante íntimas. Por supuesto que salí a la calle y nadie se me abalanzó ni me señaló con el dedo y encontrarme con lectores no fue una situación frecuente, pero aún hoy ese libro me sigue provocando una fuerte sensación de exposición, mas no la misma de entonces.

La **vulnerabilidad del autobiógrafo** es mayor que la del autor de ficción porque un posible rechazo por parte del lector no es solo a su obra, es a toda su persona. Silvia Molloy escribió en su libro *Acto de presencia* que la autobiografía es una forma de exhibición que solicita ser comprendida y perdonada y cita la frase de Victoria Ocampo (autobiógrafa): «Que me perdonen la vida». Otra grande, Gabriela Mistral, le pide perdón a Dios: «Dios me perdone este libro amargo y los hombres que sienten la vida como dulzura me lo perdonen también". Fernando Savater en *Mirá por dónde* termina su autobiografía de esta manera:

> Las autobiografías tienen el mismo problema: o son «memorias», en el sentido más burocrático del término, o son novelas. O son cualquier cosa, y vaya usted a saber qué, como la mía. Pero si la vida propia es literalmente inenarrable, aún menos tolera ser juzgada.

211

Sin embargo, un juicio definitivo y global es quizá lo que esperamos al contarla: «¡Eh! ¿Qué tal?». No hay respuesta válida. En este mundo, porque se amontonan con demasiada prontitud las descalificaciones y los elogios del coro circundante, propenso al griterío. En el más allá, porque sólo hay silencio y porque no hay más allá. Y, sin embargo, uno anhela algo, algo, la sanción que falta, la que nadie logra suficientemente darse a sí mismo ni nadie más puede darnos

Decía más atrás que el trabajo de corrección para un autor que quiere publicar es cosa seria. Además del *editing* y de la corrección de estilo debe realizar la ortotipográfica que es la que prepara el original para la impresión. Es la que ajusta el texto a determinadas normas en el uso de mayúsculas, abreviaturas, cifras, magnitudes y símbolos; unifica criterios para las negritas, cursivas y comillas. Si es un texto listo para imprimir detecta viudas y huérfanas, repetición de sílabas en líneas consecutivas y palabras mal separadas; señala errores en los blancos (márgenes, párrafos, sangrías, entre palabras) y revisa el índice.

Una de las opciones para publicar es a través de las grandes editoriales que compran el libro y le pagan al autor un porcentaje. Estas empresas requieren que la obra tenga algún tipo de atractivo comercial. Las experiencias traumáticas por enfermedad, por ejemplo, no despiertan interés editorial, salvo que tengan un enfoque especial o se trate de un personaje famoso. A veces depende de las modas y siempre **es misterioso lo que es atractivo** para los lectores. En este momento es *best seller* la autobiografía de un hombre que durmió en la calle por décadas. El tema es novedoso, pero tiene detrás a un importante político. Fue él quien lo descubrió en la calle, se ocupó de hacerlo escribir y de encontrar quien lo publicara.

Algunas editoriales pequeñas se asocian con el autor y comparten los costos y beneficios, otras editoriales ofrecen el servicio completo de corrección, diagramación, impresión, promoción y distribución y los costos corren por cuenta del autor, y finalmente están las editoriales electrónicas que se ofrecen en la Web como Amazon, Scribd y otras. Día a día surgen nuevas posiblidades como las que utilizan técnología *blockchain.* Un ejemplo es alexandria.io que tiene como objetivo preservar el conocimiento. Se presenta como una biblioteca de medios indestructible, libre, sin censura, diseñada para la publicación y distribución de contenido digital

Todas estas opciones son interesantes porque brindan oportunidades que el mercado editorial tradicional niega, posibilitando que experiencias personales, bien escritas y enriquecedoras, puedan llegar a quienes las necesitan. Otra ventaja es que sin costo para el autor se accede a un mercado potencial de 500 millones de posibles compradores de lengua española... claro, que junto a otros millones de autores.

Vele decir que toda la industria editorial está en proceso de transformación, pero es un tema para otro libro.

 Libros

Me acuerdo, de Georges Perec

Georges Perec cierra la selección de libros comentados. Lo dejé para el final porque es el personaje y escritor más singular que he encontrado en el vasto campo de los géneros del yo. Me entusiasma porque jugaba con la literatura, porque escribía sin importarle la posteridad, porque sus libros son sorprendentes.

Perteneció al grupo OULIPO, un Taller de Literatura Potencial francés, fundado en 1960 por el escritor Raymond Queneau. No podía ser de otra manera. El objetivo de los escritores que participan de este grupo es lúdico y científico. Los une la creación de obras literarias con técnicas de escritura basadas en restricciones. Se definen como "ratas que construyen el laberinto del cual se proponen salir". Perec creó una de las obras más representativas de este grupo: *Secuestro*, una novela de intriga escrita como un lipograma donde se omite la letra «E», la más frecuente en el idioma francés. Poco después, escribió *Les Revenentes* utilizando solo palabras con la vocal «E».

Las cosas fue su primer libro. La novela es premonitoria. Está ambientada en los inicios de la sociedad de consumo. Una pareja de jóvenes se gana la vida haciendo encuestas de publicidad y sueña con tener cosas, ser ricos, viajar por el mundo, poseer. En la novela tienen más peso las cosas que los personajes. De hecho hay una parte que es una larga y detallada lista, casi un catálogo, de cosas que desean para una casa ideal. Una casa que no tiene ventanas.

El llamado *boom* del consumo llegó poco después de la Segunda Guerra Mundial y la sociedad occidental cambió para siempre. Se instala que hay que gastar dinero y se fogonea la satisfacción de necesidades que no son esenciales, así como la idea que en la obtención de bienes materiales está la felicidad y la promesa de ser alguien. Es difícil de imaginar para quienes crecieron con esta fórmula que hubo un tiempo en que no se consumía con la voracidad actual.

La novela *Las cosas* está escrita en condicional (podría, haría, compraría) y la mayor parte del tiempo en tercera persona del plural (ellos), un uso nada común. El resultado es cierta sensación de ensueño. Lo interesante es también nos lleva a plantearnos qué felicidad encontramos en "las cosas".

Otra novela fuera de lo común, escrita en segunda persona, es *Un hombre que duerme,* acerca de un estudiante que decide no levantarse de la cama, dejar los estudios y cortar toda relación con amigos y parientes. *La vida instrucciones de uso* es la más compleja. Describe todo lo que ocurre, al mismo tiempo, en cada una de las habitaciones de un edificio parisino para lo que recurre a 99 capítulos y más de 1500 personajes. Es como si todo el frente de un edificio tuviera un cristal y nosotros fuéramos testigos de lo que ocurre en cada uno de los departamentos. La obra fue pensada como un rompecabezas en el que las historias se conectan a partir de distintos detalles.

215

Perec trabajó mucho sobre lo autobiográfico. El libro *Nací,* creo que es el único editado en la Argentina*, reúne varios textos muy distintos: el argumento para un libro, un borrador, un cuento, un texto para la radio, un relato oral, una nota crítica, un autorretrato, un artículo de revista, una entrevista.

Las raíces de su interés por el género tienen estrecha relación con la búsqueda de la identidad y la memoria. Fue hijo único de una pareja judía que emigró a Francia en los años veinte. Ambos murieron jóvenes, el padre en la guerra y la madre en un campo de concentración. Perec era un niño cuando, para salvarlo de los nazis, lo enviaron con unos parientes al norte de Francia en donde creció con otra identidad, obligado a olvidar.

En 1969, Perec le planteó a Maurice Nadeau, un legendario editor francés, un gran proyecto autobiográfico en cuatro libros: *W o el recuerdo de la infancia* será el único terminado. Los otros eran *El árbol, Lugares donde he dormido* y *Lugares.* En ellos se proponía más que hablar de sí, escribir sobre lugares, hechos y objetos asociados a su propia experiencia.

W o el recuerdo de la infancia no está publicado en la Argentina, sí en Chile, posiblemente porque la parte novelada del libro ocurre en una isla imaginaria, W, ubicada en el sur de ese país. Perec relata allí varias infancias. La de sus recuerdos, que llevan numerosas notas al pie acerca de lo que descubrió al investigar posteriormente y la que hubiera podido tener. Los relatos reales y los ficticios, ambos escritos en primera persona pero con distinta tipografía, se alternan a lo largo del libro. Acerca de los reales dijo el autor: "es el relato fragmentario de una niñez durante

---

* Editorial Eterna Cadencia, 2012.

la guerra, pobre en hazañas y recuerdos, hecha de retazos esparcidos, de ausencias, de olvidos, de dudas, de hipótesis, de anécdotas raquíticas". El relato ficticio es la recreación de un cuento que inventó a los 12 años. Transcurre en la isla W y evoca una sociedad regida por el ideal olímpico. Es inevitable asociarlo con la formación que debieron tener las juventudes nazis, a mí me recordó también la trilogía *Juegos del Hambre*, la distopía de Suzanne Collins.

Ambos relatos confluyen al llegar al final del libro con unas palabras reveladoras en primera persona. "Olvidé las razones que, a los doce años, me hicieron elegir la Tierra del Fuego para instalar allí W. Los fascistas de Pinochet se encargaron de dar a mi fantasma una última resonancia. Varios islotes de la Tierra del Fuego son actualmente campos de deportación".

El libro *Me acuerdo* no es exactamente una autobiografía. Puede parecer contradictorio seleccionarlo para este libro, pero no lo es. *Me acuerdo* reúne pequeños trozos de lo cotidiano, de cosas que todos los que tenemos más o menos la misma edad hemos visto o compartido. Y las borramos de la memoria porque no merecían ser recordadas, como esas vidas de las que no queda registro porque nadie se ocupó de rescatarlas de la oscuridad del olvido.

El libro contiene 480 'me acuerdo' que expresan la cotidianidad europea en el siglo XX. Son frases más o menos breves y utiliza esas dos palabras como anáfora. Las temáticas son diversas y no guardan ningún orden aparente. Así rememora estrellas de cine, deportistas, políticos, teatros, estaciones de subterráneo, compañeros de escuela, programas de radio, escritores, cotidianidades de su infancia y adolescencia.

Me acuerdo del pan amarillo que hubo durante algún tiempo después de la guerra.

Me acuerdo de la época en la que se llevaban las camisas negras.

Me acuerdo de lo agradable que era estar enfermo en el internado e ir a la enfermería.

Me acuerdo de que Warren Beatty es el hermano pequeño de Shirley McLaine.

Me acuerdo de *Sissi* con Romy Schneider.

Cuando el escritor Harry Mathews, compañero de OULIPO, le regaló a Perec el libro *I remember* del artista estadounidense Joe Brainard (1970), el francés dijo: "Es un libro digno de ser copiado". Ocho años después publicó el suyo con el mismo nombre. En el inicio menciona a Brainard y explica que el título, la estructura y el espíritu están inspirados en su obra.

Completo mi comentario con el del Sr Molina* (así se presenta) realizado en el 2007 cuando este libro se publicó por primera vez en castellano (sigo los comentarios literarios de Solodelibros en la Web). Yo no podría haberlo hecho con tanta precisión:

> La verdadera grandeza de *Me acuerdo*, más allá de la simple rememoración de hechos —no todos con un interés de consideración—, es documentar la importancia de la memoria, la necesidad vital de todo ser humano de recordar, y así formarse a sí mismo (como persona, como integrante de un todo, como elemento de un tejido social). Puede que algunos de los 'me acuerdo' de Georges Perec no sean universalmente válidos, pero sirven para mostrar cuán válida es la memoria como herramienta de formación de la personalidad, tanto individual como colectiva. Tal vez por ello al final del

---

* https://www.solodelibros.es/me–acuerdo–georges–perec/ 22 de enero 2007

libro se dejan unas páginas en blanco que tienen el propósito de que el propio lector incluya sus 'me acuerdo' particulares.

Y ahí radica la importancia de que un texto como éste haya visto la luz en castellano después de tanto tiempo. Obras sobre la memoria hay muchas: auténticos monumentos literarios, como *A la busca del tiempo perdido*, sin ir más lejos. Sin embargo, el juego que propone Perec (que no en vano concebía la literatura como un campo abierto) es inteligente, soñador, porque pide a gritos al lector que se lance y rememore, con él o consigo mismo, y que esos recuerdos no se queden en simples atisbos de historia, sino que redunden en el conocimiento personal. Que a través de la memoria del pasado construyamos un futuro. Eso sí que hace grande a un libro. Y *Me acuerdo* lo es.

Yo escuché el grito de Perec y sentí ganas de escribir mis "me acuerdo". Algunos famosos también lo escucharon, como Marcello Mastroianni en *Sí ya me acuerdo*. También lo hizo Harry Mathews a quien Perec le dedicó el libro. Fueron apuntes para recordar a su amigo poco después de morir a los 46 años: *Me acuerdo de Georges Perec*. Reproduzco algunos de esos recuerdos que nos descubren al Perec de la intimidad:

> Me acuerdo de que antes de conocerlo me habían hablado de las carcajadas de Perec. El hombre que conocí después estaba totalmente desolado; en las fiestas, sin embargo, era imposible parar su andanada de bromas, se le ocurrían de una manera nerviosa, casi compulsiva. Sus "carcajadas" eran una manera amable de mantener a los demás a distancia.

> Me acuerdo de Perec como alguien que no se repetía nunca.

> Me acuerdo de Perec bufando de felicidad mientras bailaba como un furioso con Caterin B. en el

departamento de Andy Warhol, que le habían prestado a Renaud C. para una fiesta. Con la ropa totalmente mojada por la transpiración preguntó si podía darse una ducha. A los cinco minutos volvió con una toalla atada en las caderas. Imposible resistirlo.

Me acuerdo de Perec llamándome a Lans para informarme, con una calma meticulosa, que Queneau había muerto (y de las lágrimas que rodaron). Habíamos perdido al hombre que permitió nuestras vidas como escritores, a un padre sólido e irreemplazable. Después me enteré de que los dos por separado habíamos pasado la tarde leyendo los poemas de Queneau sobre la muerte, los mismos que habíamos leído juntos en voz alta unas pocas semanas antes.

Me acuerdo de haberle mentido a Perec cuando nos conocimos. Le dije: "No he leído nada tuyo, excepto Las cosas ". La verdad es que no había leído nada de nada.

Me acuerdo de lo callado y taciturno que estuvo Perec mientras escribió La vida, instrucciones de uso .

Me acuerdo que cuando estaba solo Perec se saltaba el almuerzo.

Me acuerdo de haber pedido que abriéramos la primera sesión de OuLiPo después de su muerte con un abucheo unánime a Perec por habernos abandonado de manera tan cruda e imperdonable.

 # El final

Escribir e ir al sicólogo es una redundancia
Manuel Vásquez Montalbán

Las autobiografías son **historias inacabadas**, historias que quedan abiertas por definición porque la vida del autor continúa, como continúa una historia de familia y como continúa, valga la comparación, el aprendizaje de la escritura literaria porque mientras se escriba se sigue aprendiendo.

Pero un cierre es necesario. ¿Cómo abordar ese final cuando **la vida no terminó**? Cada historia encuentra de una manera u otra su propio final, pero ¿algo los caracteriza? Recurrí a mi biblioteca física y virtual para seleccionar al azar autobiografías de escritores profesionales y noveles. Encontré que cuando se plantea algún conflicto o eje central el final guarda relación con él. En *El pez en el agua*, Vargas Llosa narra aspectos importantes de su vida, infancia, colegios, amores, pero la experiencia como candidato a presidente del Perú tiene un peso importante en toda la obra, tal vez por eso cierra el libro con una reflexión de tipo político sobre el futuro de su país.

En *Memorias del ayer*, Stefan Zweig recorre la Europa en la que creció y a la que vio desaparecer con las grandes guerras. Después de terminarla, Zweig se suicidó junto a su mujer, convencido de que Hitler ganaría la guerra. En el final, en unas pocas líneas la palabra sombra aparece cuatro veces:

> El sol brillaba con plenitud y fuerza. Mientras regresaba a casa, de pronto observé mi sombra ante mí, del mismo modo que veía la sombra de la otra guerra detrás de la actual. Durante todo ese tiempo, aquella sombra ya no se apartó de mí; se cernía sobre mis

pensamientos noche y día; quizá su oscuro contorno se proyecta también sobre muchas páginas de este libro. Pero toda sombra es, al fin y al cabo, hija de la luz y sólo quien ha conocido la claridad y las tinieblas, la guerra y la paz, el ascenso y la caída, sólo éste ha vivido de verdad.

Mientras hojeaba a Zweig su frase "la edad de oro de la seguridad" para referirse a la Europa anterior a la guerra, me recordó a Sándor Marai. Fui en busca de *Confesiones de un burgués* y allí en la última página encontré esta frase: "porque el mundo en el que yo vivía tampoco creía ya ni en la «paz» ni en la cura". Marai tenía 30 años cuando escribió este extraodinario libro que se inicia con la descripción de la burguesía húngara en la que prevalece la cultura y la tolerancia y finaliza cuando todo eso desaparece. Marai, devastado por lo que ve y presiente en el porvenir, deja el periodismo, abandona el idioma alemán que había adoptado en su temprana juventud y busca refugio en el oficio de escritor y en el húngaro, la lengua de su infancia. "La infancia es la verdadera patria del hombre", dijo el poeta Rainer Maria Rilke.

Marai concluye *Confesiones de un burgués* con la muerte del padre (¿la seguridad?, ¿el muro que nos separa de la muerte?) y una reflexión. Él sabe, al igual que Zweig, que se ha perdido la batalla. La razón no puede triunfar por encima de los instintos. La fuerza de la inteligencia y del espíritu no puede detener lo que él llama "las hordas ansiosas de sangre y muerte".

Dijimos que un autobiógrafo que relata su vida es consciente de que esa vida se dirige hacia un final que es la muerte. Sin embargo, pocas veces se alude a ella. Juan José Sebreli, en su autobiografía, la afronta, no podía ser de otra manera: "Debo terminar este libro y pienso, no sin pesar,

que también estoy llegando al **final de mi existencia**".
Así comienza una larga reflexión sobre la muerte que acaba
con esta frase: "Pensar y escribir en este momento sobre
mi muerte –aunque sea la única experiencia que no podré
contarles, también es mi forma de superarla".

Varios autores del Colectivo de autobiografía, historia
familiar y autoficción han escrito sobre este tema tabú:

> Un día comprendí que todo comenzaba y todo
> acababa. Fue cuando encontré flotando en su pecera
> el pececito rojo que me habían regalado. Traté de
> impulsarlo con mi dedo para que siguiera nadando pero
> mi energía no fue suficiente para volverlo a este misterio
> que llamamos vida.
> CRISTINA LAPEYRE

> Los científicos trabajan para que la parca se arrumbe
> en su cueva maloliente y sigamos vivitos y coleando
> esquivando el momento final, aquel que podemos
> imaginar y no queremos protagonizar.
> MATILDE DEAIGE

> Te acercarás a mí y me verás joven y hermosa como
> una niña de quince. Te esperaré desnuda, recostada
> en mi lecho. Me dirás "ma petite Danièle", como
> me decía mi padre, me hablarás del más allá, de los
> ángeles alados, de la música de sus pequeñas arpas.
> Me acariciarás el cuerpo, me harás el amor, y yo oiré
> repiquetear todas las campanas del cielo. Disfrutaré de
> ese último encuentro con la misma sorpresa y placer del
> primero a mis 15 años y recordaré ése, el de los 15. Y
> así moriré. Sonriendo.
> DANIELA DREYFUS

> Fue importante tener una parcela agradable en
> el cementerio y que a Chacho también le gustara. A
> menudo me pregunto cuándo será el año de mi muerte
> ROSALÍA ODESSKY

223

Pareciera frecuente abordar el tema de la muerte cuando se la percibe cercana por edad o enfermedad como Tenesse Williams en *Memorias*, Henning Mankell en *Arenas Movedizas*, Rosa Regàs en *Diario de una abuela de verano*. Luis Buñuel en *Mi último suspiro* intenta hacerlo con humor:

> Al aproximarse mi último suspiro, imagino con frecuencia una última broma.[...] Pero, ¿se tendrán fuerzas para bromear en ese momento? Una cosa lamento: no saber lo que va a pasar. Abandonar el mundo en pleno movimiento, como en medio de un folletín. Yo creo que esta curiosidad por lo que suceda después de la muerte no existía antaño, o existía menos, en un mundo que no cambiaba apenas. Una confesión: pese a mi odio a la información, me gustaría poder levantarme de entre los muertos cada diez años, llegarme hasta un quiosco y comprar varios periódicos. No pediría nada más. Con mis periódicos bajo el brazo, pálido, rozando las paredes, regresaría al cementerio y leería los desastres del mundo antes de volverme a dormir, satisfecho, en el refugio tranquilizador de la tumba.

Diario de invierno, de Paul Auster, nos presenta a lo largo de su libro a un hombre mirándose en el umbral de la vejez. El final se corresponde con esa temática y se vale de una metáfora para preguntarse cuánto le queda para el final de su vida:

> Tus pies descalzos en el suelo frío cuando te levantas de la cama y vas a la ventana. Tienes sesenta y cuatro años. Afuera, la atmósfera es gris, casi blanca, no se ve el sol. Te preguntas: ¿Cuántas mañanas quedan? Se ha cerrado una puerta. Otra se ha abierto.
> Has entrado en el invierno de tu vida.

Auster recurre a la naturaleza como metáfora. No es el único. Comprobé a través de libros de mi biblioteca que hay repetidas alusiones o metáforas relacionadas con ella en los finales. Descubro que yo concluí uno de mis libros autobiográficos con una metáfora relacionada con la naturaleza: un cruce en balsa por un río del sur.

Joan Didion es una escritora norteamericana que tiene más de un libro autobiográfico. Escribió *El año del pensamiento mágico* en el que narra la experiencia de su largo matrimonio con otro escritor y la sorpresiva muerte de su compañero y en el final recurre a una escena en una gruta inundable donde para permanecer vivo es necesario sentir el cambio del oleaje:

> Pienso en las veces que me adentraba con él nadando en la gruta de Portuguese Bend con la subida de agua cristalina, la forma en que cambiaba, la rapidez y fuerza que adquiría al estrecharse entre las rocas al pie de aquel lugar. La marea tenía que estar en el punto justo. Había que estar en el agua en el momento exacto en que la marea alcanzaba ese punto. Como máximo lo haríamos media docena de veces en los dos años que vivimos allí, pero eso es lo que recuerdo. Cada vez que lo hacíamos, a mí me daba miedo perder la corriente de regreso, quedarnos rezagados, calcular mal. John nunca temía nada de aquello. Tienes que sentir cómo cambia el oleaje. Tienes que ajustarte al cambio. Eso me decía. Nadie nos veía, pero eso es lo que decía.

Ángeles Mastretta en *La emoción de las cosas* enfrenta la muerte de los padres. Comienza con la descripción de la casa familiar vacía y termina con los hijos esparciendo las cenizas de ambos en el jardín de esa casa. Hay más, un brevísimo último capítulo titulado "Orquesta" en pocas líneas muestra ese mismo jardín pleno de vida con la llegada de la primavera.

225

▶ Mi final o el final elegido

De todos los finales que recuerdo elijo el de *Encuentros,* de Félix Luna. Es el último párrafo de la octava parte en que está dividido el libro y se titula "Usted":

> Este libro, íntimo y confesional, diferente de todos los anteriores, está dedicado a mis nietos. Acaso ellos sientan alguna vez la necesidad de encontrarse conmigo a través de estas páginas. Por ahora está usted y su pretendida presencia me sobra para sentirme acompañado.

Lo elijo porque debo pensar un final para un contenido que no tiene final. Si buscara una metáfora en la naturaleza sería una catarata gigante de un río torrentoso en donde se revuelcan mis ideas y sensaciones... y de la nada aparece la cara de un indio –perdón Rosalía* pero él se llamaba así a sí mismo– que nos guió a mis hermanos y a mí en un viaje por la selva del Amazonas por un río con pirañas que él pescaba para nuestros desayunos, almuerzos y cenas. Supe de Willy (su nombre, Wininger, lo había sacado su padre de una revista) que era de la tribu secoya y que trabajaba para sacar a sus hermanos de la selva y él supo de mí que yo escribía y que guiaba a quienes querían hacerlo. En un paseo, mientras usaba el machete para abrir camino y hacía el teatro de que estábamos en la selva profunda, me dijo: "Mi hermano piensa en barcos (era dueño de uno de los lanchones que nos transportaba), yo pienso en turistas (él era guía) y cuando tú escribes seguro que piensas en libros... pero cuando ayudas ¿en qué piensas?" No sé qué contesté, pero el recuerdo me

---

* Rosalía Odessky integra el Colectivo de autores autobiográficos.

hizo dejar la catarata y el río torrentoso para centrarme en qué es lo esencial para mí cuando alguien llega a mi taller. Una vez me dijeron que era una "abre puertas" y me gustó. Me identifico con ese apelativo, me gusta abrir la puerta de la literatura, pero lo que me importa es que quien llegue a mi taller escriba y además que lo haga con sentido estético.

La literatura **ayuda a vivir mejor**, a mí me ayuda y pienso que a otros puede sucederle lo mismo. René Avilés Fabila, escritor mejicano, lo dijo explícitamente en una entrevista: "Yo pienso que no tiene uno necesidad de ir al psiquiatra porque el propio libro es tu psiquiatra y después el lector es una gran terapia. Sábato hablaba de eso, en *El escritor y sus fantasmas*; Vargas Llosa lo dice en una entrevista con René Avilés Fabila: "uno tiene el problema, el fantasma encima, pero al escribirlo se queda en el papel".

La convicción de que la escritura ayuda a exorcizar los demonios fue una de las motivaciones para emprender la aventura de los talleres autobiográficos cuando no se hacían en la Argentina. No es la única razón. Creo en la importancia de guardar la memoria, no solo por razones sociopolíticas sino personales. ¿A quién no le gustaría tener un texto de un ancestro de otro siglo, de una abuela o un padre que ya no está? A mí me gustaría escuchar la voz de quienes me precedieron y deseo, como Luna, que si algún día mis descendientes quisieran encontrarse conmigo puedan hacerlo. Las fotos, digitales o no, los videos, el 3D o el 10D no reemplazan la voz de quien ha buceado en su interior. Una vida escrita con honestidad guarda la esencia de una persona, algo que si no se hace se pierde para siempre.

Dice George Simenon en sus *Memorias íntimas*:

227

Mis hijos no necesitan una imagen aduladora de su padre y de sus abuelos. Lo que necesitan saber es, por ejemplo, que yo he tenido los mismos defectos, los mismos fallos que les ruborizan y que, en consecuencia, no tienen de qué avergonzarse. Lo que sí necesitan es conocerme. Tal como soy, tal como fui en las distintas épocas de mi vida y no tal como quizá me ven aún en sus recuerdos infantiles. Y tienen derecho a conocer también los errores que pueda haber cometido guiando, más o menos torpemente, sus pasos durante sus años jóvenes.

"Me produce mucha satisfacción haber terminado el libro de mi madre antes de que muera", me dijo Irene Hinz, autora de *Antes de mí,* y Mercedes Tiscornia que escribir sus libros fue comparable a la felicidad que sintió cuando nacieron sus hijos. Inolvidable la cara de Alicia González, en su cumpleaños de 80, mientras regalaba su libro *La Alicia, una quinta familiar* a quienes habían sido parte de esa historia y, también, la de los nietos de Grace Ríos Ordoñez cuando recibían *Abucuentos* con relatos en los que eran protagonistas. Los nietos de Graciela Rimondi juegan y leen el libro *Cuando los planetas se alinearon* que siempre está sobre la mesita de luz y *Nosotros, una familia de catalanes, italianos y alemanes,* uno de los tres libros que escribió Velia Lina Hoffmann, posibilitó el reencuentro de una familia desperdigada por el tiempo que la sorprendió el día de la presentación una exposición de objetos y fotos familiares.

Me da alegría escuchar o leer textos comprometidos de los autores que participan de los talleres que coordino, me da alegría cuando uno pone punto final a una obra y me da alegría cuando otro descubre que desea aprender el oficio de escritor. Y me frustro cuando alguno abandona por desidia o miedo.

Para este final seleccioné el texto de una autora de nuestro Colectivo de autobiógrafos. Es un texto que mira hacia el futuro con ese dejo de tristeza que tiene el porvenir cuando ya se sabe que no es eterno.

Con él mi homenaje a todos los autores que se atreven a desafiar los prejuicios que rondan sobre los géneros del yo y también a aquellos autores que han perdido la capacidad de escribir porque ya no pueden recordar.

Primavera futura, de Daniela Dreyfus*

Habrá una primavera que será mi otoño. Las flores serán iguales, los pájaros los mismos, los jacarandás se teñirán de azul y las tipas lloverán dijes de oro.

Los árboles seguirán floreciendo y dando sus frutos. Pero yo, ya no.

Mis nietos serán adolescentes. Serán ellos los que irán a las quintas de amigos o a las plazas los 21 de septiembre y será Lola la que se enamorará de un compañero, la que sentirá ese calor que sube desde abajo, ese aleteo de no sé qué en la panza.

Y serán Rocco, Fidel y Pedro los que volverán triunfantes a sus casas porque habrán dado su primer beso de amor. Y todos ellos tendrán esas miradas llenas de sueños y esperanzas.

Y vendrán a verme y me contarán sus cuitas y yo recordaré mi adolescencia y les hablaré de mi primer amor.

Habrá una primavera en París con los castaños en flor. Y yo caminaré por sus calles con mis nietos, en su plena juventud, regalándoles toda esa historia escondida en sus paredes, en sus monumentos, en sus parques.

La misma historia que hace mucho tiempo me regaló mi madre, que amaba tanto a Francia.

Y habrá una primavera, muy muy lejana, en la que yo no estaré más pero seré parte de la tierra que seguirá floreciendo todos los años.

---

* Daniela Dreyfus integra el Colectivo de autores autobiográficos. Este relato está en el volumen tercero de sus memorias: *Mis recuerdos, mis fantasías, mi familia.*

Los libros son amigos fieles

Ahora, aunque parezca una contradicción, recomiendo dejar de lado todo lo leído y que te dediques solo a escribir y escribir. Mi propósito fue brindar información que lo facilite pero, en ocasiones, puede abrumar y paralizar.

Cuando sientas la necesidad de volver sobre alguno de los conceptos recorridos, este libro te estará esperando.

Autores y libros mencionados

Made in the USA
Las Vegas, NV
21 December 2020